D1723778

GÜTERSLOHER
VERLAGSHAUS

Gütersloher Verlagshaus. Dem Leben vertrauen

»Und unsern kranken Nachbarn auch!«

Aktuelle Herausforderungen der Gesundheitspolitik

Eine Denkschrift
des Rates der Evangelischen Kirche
in Deutschland (EKD)

Gütersloher Verlagshaus

Im Auftrag des Rates der Evangelischen Kirche in Deutschland
herausgegeben vom Kirchenamt der EKD

Bibliografische Information der Deutschen Nationalbibliothek
Die Deutsche Nationalbibliothek verzeichnet diese Publikation
in der Deutschen Nationalbibliografie; detaillierte bibliografische Daten
sind im Internet über http://dnb.d-nb.de abrufbar.

Verlagsgruppe Random House FSC-DEU-0100
Das für dieses Buch verwendete FSC®-zertifizierte Papier
Super Snowbright liefert Hellefoss AS, Hokksund, Norwegen.

1. Auflage
Copyright © 2011 by Gütersloher Verlagshaus, Gütersloh,
in der Verlagsgruppe Random House GmbH, München

Druck und Einband: GGP Media GmbH, Pößneck
Printed in Germany
ISBN 978-3-579-05964-8

www.gtvh.de

Inhalt

Vorwort

Der Zugang zu Heilung ist ein zentrales Thema für die christliche Gemeinde – auch wenn die damit verbundenen Fragen oft an die Gesundheitspolitik, an Ärztinnen und Ärzte oder Pflegende delegiert werden. Wie wichtig dieses Thema aber für die Kirche ist, das zeigt sich an einer biblischen Geschichte, in deren Mittelpunkt der Zugang zum Heiland Jesus Christus steht. Vier Männer versuchen, einen Gichtbrüchigen auf einer Trage zu Jesus zu bringen, als er in der Synagoge von Kapernaum predigt. Weil aber kein Durchkommen ist, entscheiden sie sich, aufs Dach zu steigen, das Schilfdach abzudecken und die Bahre mit ihrem Freund an Seilen hinunterzulassen, direkt vor Jesu Füße. Der Kranke wird geheilt, der Lahme kommt wieder auf die Füße. Das Wunder geschieht durch die Kraft des Heilandes, aber es geschieht eben auch durch die Kraft des Glaubens, weil dieser Kranke Freunde hatte, die ihm den Weg gebahnt haben.

Gesundheit ist also nicht nur eine Frage guter Selbstsorge. Um gesund zu bleiben, sind wir immer auch auf die Solidarität anderer angewiesen. Wir brauchen eine Krankenversicherung, die auch schwere Risiken abdecken kann, professionelle Hilfe in Not, aber auch die ganz praktische Unterstützung unserer Familie, unserer Nachbarn und Freunde. Wir brauchen die Gemeinschaft, die uns aufrichtet, wenn wir allein aufgeben würden. In seinem Abendlied »Der Mond ist aufgegangen« hat der bekannte Dichter Matthias Claudius die gegenseitige Anteilnahme als eine Basis unseres Lebens beschrieben. Dort heißt es am Ende: »Verschon uns, Gott, mit

Strafen und lass uns ruhig schlafen. Und unsern kranken Nachbarn auch!«

Dass wir uns mit unseren Mitmenschen in Solidarität verbinden – im Gebet, in wechselseitigen Hilfen, aber auch in allen Konsequenzen, die daraus für Medizin, Pflege und Gesundheitspolitik folgen –, dazu ruft der Rat der EKD auf. Deshalb überlegen wir: Wie ist es in Zukunft möglich, allen Bürgerinnen und Bürgern den gleichen und gerechten Zugang zu den notwendigen Gesundheitsleistungen zu erhalten? Wie muss sich die Lastenverteilung in den Kassen, wie müssen sich Institutionen und Dienstleister, aber auch unsere Nachbarschaften ändern, damit das gelingt? Was kann die Kirche dazu beitragen?

Die vorliegende Denkschrift analysiert die aktuellen Herausforderungen der Gesundheitspolitik und mahnt vor allem an, in unserem weiterhin reichen Land das Prinzip der Solidarität nicht aufs Spiel zu setzen. Sie gibt Empfehlungen, wie unser Gesundheitssystem so weiterentwickelt werden kann, dass die Menschen – Patienten wie Beschäftigte – im Mittelpunkt stehen.

Dem Vorsitzenden der Ad-hoc-Kommission, Prof. Dr. Peter Dabrock, und allen Kommissionsmitgliedern danke ich für die Vorbereitung dieser Denkschrift.

Hannover, im Oktober 2011

Nikolaus Schneider

Vorsitzender des Rates der
Evangelischen Kirche in Deutschland

Die Leitgedanken in Thesen

Anlass und Zielsetzung der Denkschrift

Die Entwicklung des Gesundheitssystems ist von zentraler Bedeutung für das Gemeinwohl in Deutschland. Demografischer und gesellschaftlicher Wandel, medizinische Entwicklung und Globalisierung stellen die Absicherung von Gesundheitsrisiken im Rahmen der staatlichen und privaten Vorsorge vor neue Herausforderungen. Sie machen zugleich deutlich, dass das Gesundheitswesen in eine Vielzahl von Bezügen eingebettet ist, die weit über die Gestaltung der Kranken- und Pflegeversicherung hinausreichen. Beschäftigte in Krankenhäusern und Einrichtungen, pflegende Angehörige, Selbsthilfegruppen und viele andere mehr sind Teile eines Gesamtsystems Gesundheit, das ohne die Kooperation und die Solidarität der vielen Einzelnen nicht zukunftsfähig ist. Ausgehend von dieser Überzeugung, macht die evangelische Kirche in dieser Schrift Mut, die aktuellen Herausforderungen nicht als Hindernisse, sondern als Ansporn zu einer gerechten und ganzheitlichen Gesundheitspolitik wahrzunehmen. Nach christlicher Überzeugung wird sich zukunftsfähige Gesundheitspolitik daran messen lassen müssen, dass nicht nur wir selbst, sondern auch unsere »kranken Nachbarn« ruhig schlafen können, wie es in Matthias Claudius' Abendlied »Der Mond ist aufgegangen« am Ende heißt: »Verschon uns, Gott, mit Strafen und lass uns ruhig schlafen. Und unsern kranken Nachbarn auch!« Unsere Ängste und Sorgen sollen nicht übermächtig werden – auch nicht die um unsere Gesundheit. Zugleich aber muss die gute Tradition, unsere

Nachbarn mit uns selbst im Nachtgebet vor Gott zu stellen, auch unser Handeln am Tage prägen. Gemeinde, Nachbarschaft und Politik leben von der Bereitschaft, das Leiden anderer wahrzunehmen, von einem guten Miteinander und von tragfähigen Netzen. Das Gebet zur Nacht ergänzt deshalb die politische Wachsamkeit und das Ringen um Gerechtigkeit am Tage, wo es um die Kranken in unserem Land geht.

Teil A Zur aktuellen Situation

1. Herausforderungen und tragende Grundsätze des Gesundheitssystems

Demografischer und gesellschaftlicher Wandel, aber auch die Weiterentwicklung der medizinischen Methoden und Verfahren setzen das Gesundheitssystem unter Veränderungsdruck. Das betrifft die Entwicklung der Berufsgruppen genauso wie die Strukturen der stationären und ambulanten Leistungen. Die öffentlichen und privaten Systeme zur Absicherung von Gesundheitsrisiken bilden jedoch die tragenden Säulen des deutschen Gesundheitssystems. Deshalb steht die Diskussion über die zukünftige Gestaltung der sozialen Sicherungssysteme im Zentrum der meisten Debatten. Die tief in den Sozialstaat eingebetteten, auf Einkommens- und Risikosolidarität der Versicherten beruhenden Finanzierungs- und Leistungssysteme der gesetzlichen Krankenversicherung und sozialen Pflegeversicherung sichern den größten Teil der Menschen in Deutschland ab, immerhin zehn Prozent der Deutschen sind jedoch privat versichert. Herausforderungen an die Gestaltung des Gesundheitssystems betreffen beide Versicherungssysteme.

2. Einflussfaktoren für die Gesundheitspolitik

2.1. Demografischer Wandel, medizinischer Fortschritt und anbieterinduzierte Nachfrage

Die wachsende Zahl hochaltriger Menschen, der gesellschaftliche Wandel hin zu kleineren Familien und abnehmende familiäre Ressourcen für Care-Arbeit, aber auch die medizinisch-technische Entwicklung und chronische Ineffizienzen des Gesundheitssystems werden mit hoher Wahrscheinlichkeit dazu führen, dass die Kosten des Gesundheitssystems schneller zunehmen als die wirtschaftliche Leistungskraft und die Einkommen der Bevölkerung. Vermeidbare Fehlsteuerung wie die anbieterinduzierte Nachfrage müssen korrigiert werden. Gleichwohl kann dieser Trend nur zum Teil gebrochen und auch dadurch kompensiert werden, dass Menschen länger gesund und aktiv bleiben, dass neue zivilgesellschaftliche Netze der Hilfe entstehen, die Erbringung von Gesundheitsleistungen transparenter wird und Ineffizienzen reduziert werden.

2.2. Herausforderung Eigenverantwortung

Vor diesem Hintergrund wird in der Gesundheitspolitik zunehmend Wert auf die Unterstützung und Ermöglichung eigenverantwortlichen Handelns gelegt. Diese Entwicklung spiegelt die wachsende Kenntnisnahme der Bedeutung bürgerschaftlichen Engagements für das Gesundheitssystem und nimmt den Wunsch nach Befähigung der Menschen zu selbstbestimmtem Handeln und Entscheiden auf. Sie birgt aber zugleich die Gefahr der Erosion von Solidarität angesichts des steigenden Kostendrucks, der gesellschaftlichen Individualisierung und wachsender Ungleichheit. Bei allen Überlegungen zur Stärkung von Eigenverantwortung muss deshalb berücksichtigt werden, dass die Potenziale eigenverantwortlichen Handelns in der Gesellschaft ungleich verteilt sind. Eigenverantwortung setzt Rahmenbedingungen voraus, die auf gerechte Teilhabe und Befähigung Benachteiligter zielen.

2.3. Paradigmenwechsel Behindertenrechtskonvention

Die seit 2009 in Deutschland verbindliche Behindertenrechtskonvention macht in besonderer Weise die Notwendigkeit einer Weiterentwicklung des deutschen Gesundheitssystems auf der Grundlage der Prinzipien der gerechten Teilhabe und Inklusion deutlich. Neben die Verantwortung eines jeden für sich selbst tritt – zum Teil gleich-, zum Teil vorrangig – die gesellschaftliche Verantwortung, jedem Menschen Selbstbestimmung und den Einbezug in alle Aspekte des Lebens zu ermöglichen.

3. Leistungssteigerung oder »Kostenexplosion« in der Kranken- und Pflegeversicherung?

Finanzielle Ungleichgewichte in der Kranken- und Pflegeversicherung haben viele Ursachen. Neben wachsenden Leistungsanforderungen und Ausgaben durch den demografischen und gesellschaftlichen Wandel stehen vermeidbare Ineffizienzen des Gesundheitssystems sowie Schwierigkeiten, die mit einer sinkenden Einnahmebasis einhergehen. Diese Entwicklungen sind nicht auf die umlagefinanzierten Sozialversicherungssysteme begrenzt: Auch in der Privaten Krankenversicherung sind hohe Ausgaben- und Beitragssteigerungen zu beobachten, die zum Teil eigene, zum Teil gleiche Gründe haben. Während einige dieser Entwicklungen nur reaktive Maßnahmen ermöglichen, lassen sich andere steuern und stehen im Zentrum gesundheitspolitischer Maßnahmen.

4. Vermarktlichung des Gesundheitssystems

4.1. Zunehmende ökonomische Programmatik

Seit Beginn der 1990er Jahre ist der Gesundheitssektor zunehmend für den Wettbewerb geöffnet worden. Diese Entwicklung steht in einem Spannungsverhältnis zu traditionellen Erwartungen an das Gesundheitssystem, gelegentlich aber auch zum Selbstverständnis der dort tätigen Akteure.

4.2. Zweiter Gesundheitsmarkt

Der Markt individueller Gesundheitsleistungen (»IGeL«) erlangt eine zunehmende Bedeutung. Aus Sicht von Ärzten ermöglicht er ein zusätzliches Einkommen jenseits der – häufig gedeckelten – Leistungsvergütungen gesetzlicher Krankenversicherungen. Aus Sicht der Patienten als Nachfrager ist kritisch zu sehen, dass für die hier angebotenen Untersuchungen und Behandlungen häufig keine überzeugende Nutzen-Evidenz vorliegt. Sowohl das Informationsgefälle zwischen Ärzten und Patienten als auch die Belastung des Patienten durch die Krankheit bergen die Gefahr, dass diese Leistungen nicht im Interesse der Nachfrager, sondern zur Einkommensgenerierung der Anbieter erbracht werden.

4.3. Wettbewerb im Versicherungssystem

Die Einführung der Kassenwahlfreiheit im Jahr 1996 und die Ausweitung der Wettbewerbsparameter der Krankenkassen in jüngeren Gesundheitsreformen haben zu einer schärferen Konkurrenz innerhalb der Gesetzlichen Krankenversicherung geführt. Ihr Angebot ist seither stärker auf die Versichertenpräferenzen ausgerichtet; auch konnten zum Teil Wirtschaftlichkeitsreserven erschlossen werden. Allerdings besteht die Gefahr, dass der Kassenwettbewerb nicht um die kundenfreundlichsten und effizientesten Verfahren, sondern um die Gewinnung der jüngsten und gesündesten Versicherten geführt wird. Kritisch ist auch zu sehen, dass in Deutschland weiterhin an einem Nebeneinander von gesetzlicher und privater Krankenversicherung festgehalten wird, obwohl sie nur begrenzt und in problematischer Weise miteinander im Wettbewerb stehen. Es widerspricht der Gerechtigkeit und dem Grundsatz der Wahlfreiheit, dass nur ein Teil der Bevölkerung ein Wahlrecht zwischen beiden Systemen hat. Auch bringt das Nebeneinander beider Systeme eine Vielzahl schwerwiegender Ineffizienzen mit sich.

5. Soziale Ressourcen im Gesundheitssystem

5.1. Entwicklung der Professionen

Mit dem Begriff Profession werden Berufsgruppen bezeichnet, die einen ausgeprägten gesellschaftlichen Status besitzen, von denen aber bei der Leistungserbringung auch ein besonderes Ethos und die Befolgung spezifischer Regeln erwartet werden. Traditionell sind dies im Gesundheitssystem Ärzte und Ärztinnen, seit den 1970er Jahren strebt auch die Berufsgruppe der Pflegenden professionellen Status an. Beide Gruppen erleben – wie andere Berufsgruppen auch – zunehmende ökonomische Zwänge als eine Restriktion ihrer professionellen Verantwortung. Während Mediziner ihr bisheriges professionelles Selbstverständnis bedroht sehen, ist die aktuelle Entwicklung der Versorgungsstrukturen aus Sicht der Pflegenden ein Hemmnis für den noch in den Anfängen steckenden Professionalisierungsprozess der Pflege.

5.2. Soziale Netze und spirituelle Ressourcen

Zwischen verschiedenen institutionellen Leistungserbringern, aber auch zwischen den Professionen und zwischen professioneller und lebensweltlicher Hilfe wird Vernetzung immer wichtiger. Das gilt für die palliative Versorgung wie für neue Wohn- und Hilfeformen für pflegebedürftige oder behinderte Menschen, aber auch für Organisationen der Nachbarschaftshilfe und die Zusammenarbeit von Selbsthilfegruppen mit professionellen Kräften. Selbstbestimmung, Gemeinwohlorientierung und spirituelle Angebote spielen für die Entwicklung des Gesundheitssystems eine zunehmend bedeutsame Rolle. Empathie und Intuition der Behandelnden, Helfenden und Pflegenden bleibt dabei eine zentrale Ressource. Die neuerdings auch aus ökonomischen Gründen immer stärker standardisierten Behandlungsprozesse können durchaus in einem Spannungsverhältnis zum notwendigerweise personalen Hilfeprozess stehen.

6. Zunehmende Relevanz von Schnittstellenproblemen

Das ausdifferenzierte deutsche Sozialsystem besitzt den Vorteil, Leistungen auf die Bedarfe des Einzelfalls zuschneiden zu können. Es kann jedoch zu Schnittstellenproblemen zwischen den einzelnen Systemen und darüber zu Ungleichbehandlungen von Menschen mit gleicher Bedürfnislage führen. Diese Problematik lässt sich vor allem im Bereich der Pflegeversicherung beobachten, die mit dem Ziel eingeführt wurde, die mangelhafte Verzahnung der verschiedenen für Pflegebedürftige zuständigen Sozialsysteme zu überwinden. Neben der angestrebten Schließung von bis dahin bestehenden Regelungslücken wurden neue Abgrenzungsprobleme erzeugt.

Teil B Ethische Kriterien für die Gesundheitspolitik

1. Allgemein-ethische Kriterien und theologische Ethik

Der christliche Glaube bezeugt die Menschenfreundlichkeit Gottes und erinnert an das heilende und versöhnende Handeln Jesu. Diakonie und Caritas haben die Sozialkultur unseres Landes wesentlich geprägt. Auch heute dient es einer guten und menschengerechten Gesundheitspolitik, wenn Perspektiven und Impulse aus dem christlichen Glauben mit dem Grundkonsens einer zukunftsfähigen Gesellschaft verbunden werden.

2. Theologisch-biblische Kriterien

Aus der Würdigung eines jeden Menschen als Ebenbild Gottes und den biblisch bezeugten Befreiungserfahrungen des Volkes Gottes aus Unterdrückung und Ausgrenzung sowie aus dem zeichenhaften Handeln Jesu, der den Anbruch des Reiches Gottes bezeugte, indem er kranke und behinderte Menschen heilte und in die Gemeinschaft zurückholte, leitet die Kirche eine Verpflichtung zur Humanität und zur Ermöglichung sozialer Teilhabe ab. Die Zuwendung zu Menschen, deren Freiheit und Teilhabe durch Krankheit und Behinderung bedroht ist, wird daher als Liebesdienst verstanden, der darauf hinweist, wie die Welt nach Gottes Willen aussehen soll. Wenn eine Gesellschaft, die sich zu Gemeinwohlzielen und Menschlichkeit bekennt, Anerkennung, Gerechtigkeit und Solidarität zur Unterstützung von Schwächeren beachtet, dann wird allen Menschen eine »humane Gesundheitsversorgung« ermöglicht, wie es das Sozialgesetzbuch in Deutschland als Grundsatz festhält.[1] Diese schließt ein, dass über die medizinische Versorgung des Körpers hinaus die menschliche Zuwendung zu den Patienten zentrale Bedeutung behält. Auch das Interesse für die Arbeitsbedingungen derer, die im Gesundheitswesen tätig sind, muss, wenn man dem Grundsatz der »humanen Gesundheitsversorgung« folgt, beachtet werden.

3. Andere sozialethisch bedeutsame Kriterien

3.1. Rechtliche Kriterien

In der Tradition des christlichen Glaubens und der Philosophie seit der Aufklärung leitet das Grundgesetz – und auch die Charta der Grundrechte der Europäischen Union – das Recht auf das Existenzminimum aus der Würde des Menschen ab. Das Sozialstaatsprinzip sieht vor, dass unsere Gesellschaft die soziale Sicherung und Teilhabe, u.a. im Krankheitsfalle oder bei Behinderung, ermöglicht. Sie hat dafür rechtliche Regelungen und Organisationsformen geschaffen, die allerdings immer wieder gefährdet sind und auf ihre Angemessenheit überprüft werden müssen.

3.2. Medizinische Kriterien

Eine gerechte und gute Gesundheitsversorgung hat vor allem die Probleme und Risiken (»Not«) der Kranken und Gefährdeten, ihre Bedarfe sowie die Nutzenchancen und Schadensrisiken der infrage kommenden medizinischen Interventionen in den Blick zu nehmen. Darüber, wie diese Kriterien zu bestimmen und abzuwägen sind – zum Beispiel über medizinisch-orientierte Priorisierungsverfahren –, gilt es nachvollziehbar Rechenschaft abzulegen.

---

1. Vgl. § 70 SGB V.

3.3. Ökonomische Kriterien

Eine Verschwendung begrenzter Mittel in der Gesundheitsversorgung ist unethisch und gegenüber den Beitragszahlern
nicht gerecht. Mit welchen Methoden die Effizienz berechnet
wird, ist wiederum selbst strittig. Dieser Streit, insbesondere um die Rahmenordnung eines Gesundheitssystems, muss
ausgetragen werden.

Teil C Empfehlungen

1. Herausforderung Eigenverantwortung

Der Begriff der Eigenverantwortung steht in der gesundheitspolitischen Diskussion häufig für die Verlagerung finanzieller
Lasten von der Gemeinschaft der Versicherten auf den Einzelnen; er meint aber auch das Vermögen und die Verpflichtung,
für die eigene Gesundheit zu sorgen. Gesundheitspolitik kann
die Verantwortung der Bürgerinnen und Bürger für die eigene Gesundheit durch individuelle Anreize stärken; wirksamer
ist aber die Beeinflussung der Rahmenbedingungen, unter
denen Menschen leben und arbeiten – wie z.B. die Förderung
gesunder Betriebe oder Schulen. Eine auf alle Mitglieder einer
Gesellschaft zielende Gesundheitspolitik muss beides leisten
und darüber hinaus zu einer Reduzierung sozialer Ungleichheit und zur Verbesserung der Bildungs- und Teilhabechancen beitragen. Dabei geht es letztlich darum, die Einzelnen
in die Lage zu versetzen, für ihre Gesundheit vorzusorgen, sie
zu erhalten und zu pflegen. Prävention und die Befähigung
zu Eigenverantwortung sind auch eine Aufgaben der Anbieter von Gesundheitsleistungen. Der Wissensvorsprung der

Leistungserbringer verpflichtet sie zu einem besonders verantwortlichen Handeln und zu einem partizipativen Umgang mit den Nutzern von Gesundheitsleistungen. Dabei darf aber nicht vergessen werden, dass zahlreiche gesundheitsrelevante Faktoren jenseits der persönlichen Verantwortung der Bürgerinnen und Bürger liegen.

2. Professionen und soziale Netze

Die professionelle Verantwortung aller Berufsgruppen im Gesundheitssystem muss stärker als eine Ressource verstanden und genutzt werden. Die einzelnen Professionen sind eben nicht nur ökonomische Interessenvertreter, ihre Ausrichtung an ethischen Standards und vereinbarten Regeln, aber auch die Weiterentwicklung des beruflichen Selbstverständnisses müssen gesundheitspolitisch erneut in den Mittelpunkt gerückt werden. Insbesondere in der Pflege liegt darin eine grundlegende Voraussetzung zur Durchsetzung qualitativer Standards, die sowohl den Empfängern von Pflegeleistungen als auch den berechtigten Interessen der Beschäftigten dient. Hinzuarbeiten ist zudem auf eine verstärkte Zusammenarbeit der verschiedenen Professionen. Neben professioneller Verantwortung muss auch das bürgerschaftliche Engagement im Gesundheitssystem unterstützt und gestärkt werden, schon weil humane und monetäre Ressourcen nicht für eine vollständige Übernahme dieser Aufgabe durch formale Systeme ausreichen. Die Professionen des Gesundheitssektors sind dazu angehalten, mit Selbsthilfeorganisationen und bürgerschaftlichen Netzwerken zusammenzuarbeiten.

3. Wettbewerb im Versicherungssystem

Gesetzliche Krankenversicherung und soziale Pflegeversicherung sind so weiterzuentwickeln, dass sie von rein steuerfinanzierten und privaten Absicherungssystemen unterscheidbar bleiben und das Prinzip der Solidarität bewahren. Dabei muss die Einnahmebasis durch Einbeziehung anderer Einkommensarten verbreitert werden. Für ein staatliches Versicherungssystem, dessen Mitglieder zu einem hohen Anteil keine Ausstiegsoption haben, muss gelten, dass Leistungen möglichst effizient erbracht werden. Um dies zu erreichen, ist darauf zu achten, dass der zunehmende Wettbewerb nicht zulasten schwacher, kranker und behinderter Menschen oder der Leistungsqualität geht. Zu stärken sind zudem auch Qualitätsinformation und Transparenz des Leistungsangebots, sodass Versicherten die Möglichkeit gegeben wird, von ihren Wahlrechten eigenverantwortlich Gebrauch zu machen. Eine Weiterentwicklung des Krankenversicherungssystems sollte auch eine Angleichung der Wettbewerbsbedingungen gesetzlicher und privater Kranken- und Pflegeversicherungen beinhalten. Dass nur ein Teil der Bevölkerung zwischen gesetzlicher und privater Absicherung wählen kann, trägt zur Entsolidarisierung gerade der Bessergestellten bei und ist daher zu hinterfragen. Als langfristiges Ziel sollte es zu einer weitgehenden Konvergenz der Systeme kommen, sodass, orientiert am heutigen Leistungskatalog, eine (einkommens- und risiko-) solidarische Absicherung für alle angeboten werden kann.

4. Weiterentwicklung der Pflegeversicherung

Die Pflegeversicherung erhält angesichts des Altersaufbaus der Bevölkerung eine größere gesellschaftliche Bedeutung. Sie muss finanziell so dynamisiert werden, dass die gesetzlichen Leistungen bei steigenden Tariflöhnen und der allgemeinen Preisentwicklung verlässlich bereitgestellt werden können, und sie muss alle Einkommensarten einbeziehen. Die notwendige Aufstockung des Kapitalstocks der Pflegeversicherung muss solidarisch, gegebenenfalls auch aus Steuermitteln erfolgen. Neue Instrumente zur Ermittlung des Pflegebedarfs und der Qualitätssicherung sollten schrittweise eingeführt werden. Die Regelungen der Pflegeversicherung und Sozialhilfe für pflegebedürftige Menschen müssen so weiterentwickelt werden, dass sie sich nahtlos in das Sozialsystem einfügen. Künftige Gesetzgebungsschritte sollten eine gesamtkonzeptionelle Lösung der Versorgung pflegebedürftiger, behinderter und alter Menschen anstreben. Die Leistungserbringung muss zunehmend personenorientiert erfolgen und sich nach den Bedarfen der Leistungsempfänger, nicht nach den Zielen und Ansprüchen der Leistungsträger oder Leistungserbringer, ausrichten. Die im SGB IX vorgesehene Ausrichtung an Teilhabezielen ist auf alle Sozialleistungsträger auszuweiten, deren Zusammenarbeit ist zu stärken. Kommunen müssen finanziell so ausgestattet werden, dass sie ihrer zentralen Aufgabe bei der Schaffung einer generationengerechten und inklusiven Infrastruktur nachkommen können.

5. Markt für Gesundheitsleistungen regulieren, Leistungsangebot optimieren

Die Entwicklung des Marktes für Gesundheitsleistungen muss sozialstaatlich gerahmt werden. Sie darf nicht dazu führen, dass der Zugang zu notwendigen Gesundheitsleistungen von der Kaufkraft abhängt. Zudem muss transparent gemacht werden, ob auf dem zweiten Gesundheitsmarkt angebotene

Leistungen einen nachgewiesenen medizinischen Nutzen haben. Anreize zu einer Risikoselektion nach Gesundheitszustand oder Kaufkraft unter Patienten sind strikt zu beseitigen; die Gesundheitsversorgung ist im Gegenteil auf jene Bevölkerungsgruppen auszurichten, die sie am stärksten benötigen.

6. Zur Verantwortung von Gemeinden

Spiritualität kann helfen, achtsamer mit Krankheiten, Leiden und Sterben umzugehen. Der christliche Glaube gibt Hoffnung und Trost in kritischen Situationen und stärkt die Kraft, auch da zugewandt zu bleiben, wo der medizinische Erfolg nicht mehr gegeben ist. Dabei geht es auch darum, zu akzeptieren oder sich zumindest innerlich damit auseinanderzusetzen, dass Gesundheit bei allem Bemühen um eine professionelle Behandlung und um gerechte Gesundheitspolitik letztlich ein Geschenk ist. Hier liegt – angesichts der verbreiteten, auch religiösen, Sehnsucht nach Heilung – eine zentrale Aufgabe für Seelsorger und Seelsorgerinnen, für Gemeinden und Gemeinschaften in Pflege und Gesundheitsberufen. Die heutige Trennung von wissenschaftlicher Medizin, ökonomisierter Gesundheitswirtschaft und dem geistlichen Leben der Gemeinschaften muss überwunden werden. Diakonische Einrichtungen und Dienste sollten sich in ihren Veröffentlichungen nicht nur der Sprache von Geschäfts- und Erfolgsberichten bedienen. Kirchengemeinden müssen ihre wichtige Rolle in den regionalen Netzen der Gesundheitsversorgung wahrnehmen. National wie international ist vor allem die Teilhabeorientierung des Gesundheitswesens zu stärken.

A. Zur aktuellen Situation

A.I. Herausforderungen und tragende Grundsätze des Gesundheitssystems

A.I.1. Herausforderungen für die sozialen Sicherungssysteme

(1) Die Grundprinzipien des deutschen Sozialstaats sind wesentlich von Christen entwickelt worden, die die Persönlichkeit und Würde des Einzelnen in den Mittelpunkt gestellt haben. Die Gründung von Einrichtungen, Netzwerken und Vereinen durch Diakonie und Caritas im 19. Jahrhundert und die Bereitschaft vieler engagierter Christen, sich an der sozialpolitischen Rahmensetzung zu beteiligen, waren dabei ebenso prägend wie die Sozial-und Wirtschaftsethiker der Freiburger Schule, die durch eine gestaltete Wettbewerbsordnung für eine effektive Wirtschaft sorgen und gleichzeitig durch eine stabile Sozialordnung sozialen Frieden gewährleisten wollten. Die Betonung der Notwendigkeit wirtschaftlicher Leistungsfähigkeit und die Sorge um soziale Gerechtigkeit waren stets zwei Seiten eines Ganzen. Kein Mensch lebt für sich allein; jeder und jede ist gefordert, die eigenen Fähigkeiten zu entwickeln und sie im Dienst für andere einzusetzen. Freiheit und Eigenverantwortung haben ihren Sinn nicht in sich selbst, sondern darin, Solidarität zu ermöglichen und zu stärken. Zugleich aber zeigt die Geschichte von Diakonie und Caritas, dass erst die Erfahrung von Solidarität ermöglicht, die eigene Freiheit und Verantwortung wahrzunehmen.

(2) Die Rahmenbedingungen sozialstaatlichen Handelns verändern sich durch die Globalisierung der Märkte. Der weltweit mögliche Austausch von Gütern und Dienstleistungen hat einerseits dazu geführt, dass staatlich oder gesellschaftlich finanzierte Sozialleistungen als Belastung im globalen Wettbewerb der Standorte begriffen werden. Angesichts der Tatsache, dass die Beiträge zur Sozialversicherung in Deutschland traditionell an die Arbeitseinkommen gebunden sind, erscheinen die Beiträge zur sozialen Sicherung dann als nachteilige Lohnzusatzkosten. Deswegen werden nachgelagerte Dienstleistungen, wo irgend möglich, ausgelagert. Dienstleistungen, die sich nicht verlagern lassen, stehen – wie die Gesundheitsbranche – unter erheblichem Kostendruck. Dabei geht es auch um die Frage, wie die Dienstleistungsfreiheit, die seit Mai 2011 im vereinten Europa gilt, und die unterschiedlichen Lohnverhältnisse in Ost und West in einen Ausgleich gebracht werden können. Gleichwohl dürfen Gesundheitsausgaben nicht nur als Kosten gesehen werden, die in jedem Fall zu vermeiden sind. Gesundheit ist wichtiger Bestandteil der Lebensqualität jedes Einzelnen. Ausgaben für das »Gut« Gesundheit sind daher auch Ausdruck individueller und gesellschaftlicher Präferenzen. Zudem sind Gesundheit und soziale Sicherheit wichtige Einflussfaktoren des Humanvermögens einer Gesellschaft und daher mitentscheidend für die internationale Wettbewerbsfähigkeit eines Landes. Gerade in hochentwickelten Gesellschaften ist die Gesundheitswirtschaft eine wichtige Wachstumsbranche, die menschlichen Bedürfnissen Rechnung trägt, viele Arbeitsplätze bereitstellt und zum Wirtschaftswachstum beiträgt.

(3) Fürsorge wurde bis weit in die Nachkriegszeit hinein in besonderem Maß durch Frauen ermöglicht, die auf berufli-

che Entfaltung verzichteten, einen großen Teil der Familien-
arbeit und der sozialen Arbeit unentgeltlich übernahmen, die
häufig in schlechter bezahlten Sozialberufen tätig waren und
auf diese Weise entscheidend zur Kohäsion der Gesellschaft
beitrugen. Die Gleichberechtigung der Geschlechter, aber
auch die gesellschaftlich notwendige Inanspruchnahme der
Qualifikationen von Frauen in der Arbeitswelt, hat zu einem
grundlegenden Wandel der Geschlechterrollen und Familien-
strukturen, aber auch der typischen »Frauenberufe« wie der
Pflege geführt. Am Pflegebereich wird deutlich: Eine neue
Balance von Produktivität und Fürsorge, von wirtschaftlicher
Leistungsfähigkeit und Solidarität ist noch nicht gefunden.
Die folgenden Ausführungen zum Gesundheitssystem im
Ganzen zeigen, dass es nicht ausreichen wird, bei Reformen
im Finanzierungs- und Leistungsbereich allein auf eine Fort-
führung der bisher beschrittenen Wege zu setzen.

(4) Die Verlängerung der Lebenserwartung verbindet sich in
den letzten Jahrzehnten mit einer außerordentlich niedrigen
Geburtenrate. Familienpolitische Korrekturen greifen nur
bedingt und auf längere Sicht. Die Versorgung der älter werdenden Bevölkerung in den nächsten Jahren und Jahrzehnten
scheint weder finanziell noch personell gesichert, wenn man
auf das geringer werdende Pflegepotenzial schaut. Auf dem
Hintergrund des demografischen Wandels und des »Standort-
wettbewerbs« in der globalisierten Gesellschaft ist deshalb seit
langem ein Umbau der sozialen Sicherungssysteme in Richtung auf mehr Wettbewerb, Privatisierung und Eigenverantwortung im Gang. Beginnend mit der Pflegeversicherung, die
als fünfte Säule des Sozialversicherungssystems, aber eben nur
als »Teilkasko-Versicherung« eingeführt wurde, wurde der
freigemeinnützige Wohlfahrtsmarkt für den Wettbewerb mit

privaten Anbietern geöffnet. Zugleich wurde in der Arbeits- und Sozialversicherung mit der Agenda 2010 das Prinzip des »aktivierenden Sozialstaats« eingeführt und in der Rentenversicherung mit der »Riester-Rente« die zusätzliche Säule der finanziellen Eigenvorsorge aufgebaut. Wettbewerb und Eigenverantwortung sowie eine zunehmende Privatisierung von Leistungen und Risiken sind auch in der Gesetzlichen Krankenversicherung zu beobachten. In der Konsequenz werden die einzelnen Versicherten zu mehr »Eigenverantwortung«, eigenen Leistungen und Kostenbewusstsein aufgefordert.

(5) Umfragen zeigen, dass die Mehrheit der Bevölkerung in Deutschland sich den Erhalt der solidarischen Sicherungssysteme wünscht, die gerade während der Wirtschafts- und Finanzkrise zu Stabilität beigetragen und eine schnelle wirtschaftliche Erholung ermöglicht haben. Auch international zeigt sich, dass das Konzept der sozialen Marktwirtschaft mit den sozialen Sicherungssystemen in Deutschland durchaus als vorbildlich verstanden wird. Zugleich allerdings zeigt sich Skepsis angesichts der Sorge um wachsende Kosten auf dem Hintergrund des demografischen und des Wandels im Krankheitspanorama. Dieser Text setzt sich mit der Frage auseinander, welche Veränderungen auch angesichts gesellschaftlicher Prozesse notwendig und wünschenswert sind und wie es gleichwohl gelingen kann, wachsende gesellschaftliche Spaltungen und Ungleichheiten zu vermeiden. Dabei ist zu beobachten, dass derzeit nicht alle gesundheitsrelevanten Themen wie Bildungsfragen, Familienförderung oder Fragen der Quartiersentwicklung in den Verantwortungsdiskurs über Gesundheitspolitik einbezogen werden. Die fehlende Berücksichtigung struktureller Bedingungsfaktoren für Gesundheit hat zur Folge, dass nicht alle relevanten Ge-

sundheitspotenziale gleichermaßen erschlossen werden. Die Chancen auf ein Mehr an Gesundheit für alle werden damit reduziert – mit entsprechenden Folgen für den Krankenstatus der Bevölkerung und die Ausgaben im Gesundheitssystem. Wenn Gesundheitspolitik sich also lediglich um die Reduktion von Ausgaben im Gesundheitswesen bemüht, bleibt es leicht beim Verschieben von Zuständigkeiten und Kurieren von Symptomen.

A.I.2. Tragende Grundsätze und Systeme der Absicherung von Gesundheitsrisiken

(6) Gesundheitsrisiken werden heute über eine Vielzahl von staatlichen und privaten Systemen mit unterschiedlichen Anspruchsberechtigungen und Zugangsvoraussetzungen abgesichert. Fasst man den Begriff Gesundheitsrisiko eng, sodass vor allem die Absicherung der mit Krankheit und Pflegebedürftigkeit verbundenen Belastungen in den Blick genommen wird, dann findet Gesundheitssicherung hauptsächlich im Bereich der Kranken- und Pflegeversicherung statt. Seit 1995 besteht für die Pflegeversicherung, seit 2009 für die Krankenversicherung für jede Person mit Wohnsitz in Deutschland eine Versicherungspflicht. Dabei stehen – anders als in anderen europäischen Staaten – sozialstaatlich organisierte (Gesetzliche Krankenversicherung, Soziale Pflegeversicherung) und privatwirtschaftliche Systeme (Private Krankenversicherung, Private Pflegepflichtversicherung) substitutiv nebeneinander, d.h., die *Vollversicherung* in einem System schließt eine Vollversicherung im anderen System im Regelfall aus. Der weit überwiegende Teil der Versicherten der Gesetzlichen Krankenversicherung (GKV) und Sozialen Pflegeversicherung sind Pflichtmitglieder im staatlichen System und besitzen

entsprechend keine Möglichkeit, alternativ eine vollständige Absicherung im privaten System zu wählen; für diesen Personenkreis ist lediglich der Abschluss privater Zusatzversicherungen möglich. Eine rein private Absicherung ist hingegen für Selbstständige und Besserverdienende vorgesehen, während Beamte durch die Beihilfe teilgesichert und im Übrigen ohne faktische Wahlmöglichkeit in die Privatversicherung gedrängt werden. Heute sind in der Gesetzlichen Krankenversicherung und Sozialen Pflegeversicherung mehr als 70 Millionen, in der Privaten Krankenversicherung (PKV) und Privaten Pflegepflichtversicherung knapp neun Millionen Menschen versichert.

(7) Die Gesetzliche Krankenversicherung als Regelsystem der Absicherung des Krankheitsrisikos ist eine Solidargemeinschaft. Der solidarische Charakter der Gesetzlichen Krankenversicherung wird durch verschiedene Regelungen auf der Beitrags- und der Leistungsseite zum Ausdruck gebracht. So sind die Beitragsverpflichtungen der Versicherten unabhängig von ihrem Alter, Geschlecht und Gesundheitszustand (»Risikosolidarität«) und werden monatlich bis zu einer Beitragsbemessungsgrenze einkommensabhängig erhoben (»Einkommenssolidarität«). Nicht erwerbstätige Ehegatten und Kinder werden zudem beitragsfrei mitversichert (»Familiensolidarität«). Gesetzliche Krankenversicherungen dürfen die Aufnahme Versicherungswilliger und -berechtigter nicht ablehnen (»Kontrahierungszwang«) und zudem Leistungen nicht ausschließen, die Bestandteil des Einheitlichen Bewertungsmaßstabs (EBM) sind. Die Beitragsverpflichtungen erwerbstätiger Versicherter werden grundsätzlich zwischen Arbeitnehmern und Arbeitgebern geteilt, auch wenn der Arbeitnehmer- mittlerweile den Arbeitgeberanteil übersteigt. Entsprechend wird

auch die Selbstverwaltung Gesetzlicher Krankenkassen als Körperschaften öffentlichen Rechts von Arbeitnehmer- und Arbeitgebervertretern ausgeübt. Nach §2a SGB V soll die Gesetzliche Krankenversicherung die besonderen Bedürfnisse behinderter und chronisch kranker Versicherter beachten und nach § 20 Abs. 1 SGB V zu einer Verminderung sozial bedingter Ungleichheiten von Gesundheitschancen beitragen. Die Verpflichtung zur Übernahme gesamtgesellschaftlicher Aufgaben hat zur Folge, dass der Gesetzlichen Krankenversicherung neben den Beitragszahlungen auch steuerliche Mittel aus dem Bundeshaushalt zufließen. Auch die Soziale Pflegeversicherung ist gemäß § 1 Abs.1, 2 SGB XI als Regelsystem der Absicherung des Pflegebedürftigkeitsrisikos eine Solidargemeinschaft, die inhaltlich grundsätzlich der Organisation der Gesetzlichen Krankenversicherung folgt. Anders als dort ist der Schutz der Sozialen Pflegeversicherung jedoch als *Teilversicherung* ausgestaltet: Familiäre, nachbarschaftliche oder ehrenamtliche Pflege- und Betreuungstätigkeiten sollen nicht ersetzt, sondern *ergänzt,* Pflegebedürftige von privaten Aufwendungen *entlastet,* aber nicht vollständig entbunden werden.

(8) Gesetzliche Krankenversicherung und Soziale Pflegeversicherung sind als beitragsfinanzierte, selbstverwaltete Zweige der sozialen Sicherung grundsätzlich so konzipiert, dass sie sich aus Beiträgen ihrer Mitglieder und deren Arbeitgeber finanzieren, ihre Finanzierung somit vom Bundeshaushalt unabhängig ist. Dennoch hat der Gesetzgeber im vergangenen Jahrzehnt verschiedentlich in die Finanzierung der GKV eingegriffen, (1) durch niedrig angesetzte Beiträge insbesondere für Erwerbslose, durch die der Bundeshaushalt und andere Zweige der sozialen Sicherung geschont wurden, (2) durch

Übertragung von Leistungen an die Krankenkassen, die zuvor Aufgaben der Länder und Gemeinden waren, etwa auf dem Gebiet der Prävention, und (3) durch von Jahr zu Jahr variierende, in letzter Zeit deutlich steigende Steuerzuschüsse mit unterschiedlichen Begründungen. Die Einführung des Gesundheitsfonds im Jahr 2009 führte schließlich dazu, dass die Kassen keinen direkten Einfluss mehr auf den allgemeinen Beitragssatz haben; der weit überwiegende Teil ihrer Einnahmen fließt ihnen in Abhängigkeit von ihrer jeweiligen Mitgliederzahl und -struktur aus dem zentralisierten Gesundheitsfonds zu. Autonom können sie nur noch den einkommensunabhängigen Zusatzbeitrag festlegen.

(9) Das System der Gesetzlichen Krankenversicherung ruht nach § 1 SGB V auf den beiden Grundprinzipien Solidarität und Eigenverantwortung – und zwar in dieser Reihenfolge. In der Ausdeutung dieser Formel wird wahrgenommene Eigenverantwortung im Umgang mit Gesundheitsrisiken und Behandlungsfragen häufig in einem Spannungsverhältnis zu den sozialen Verantwortlichkeiten gesehen, denen Menschen als Mitglieder einer Solidargemeinschaft unterliegen. Einerseits ist eigenverantwortliches Handeln in vielen Fällen zwingend auf Hilfe durch die Solidargemeinschaft angewiesen, z.B. wenn der Einzelne die Lasten einer Erkrankung nicht mehr allein tragen kann; er kann und soll in diesem Fall auf gesellschaftliche Unterstützung und Befähigung zurückgreifen, damit er überhaupt noch eigenverantwortlich handeln kann. Andererseits ergibt sich – wie überall dort, wo ein Risiko gemeinschaftlich abgesichert wird – auch die Gefahr, dass sich individuelle Verhaltensweisen und Ansprüche durch die Existenz der Solidargemeinschaft verändern und vor allem nach eigenen Bedürfnissen ausgerichtet werden (sog. »Moral

Hazard« bzw. Verhaltensrisiko). Der Gesetzgeber steht somit vor der ständigen Aufgabe, im Bereich der Gesundheitsversorgung eine Balance zwischen solidarischer Vorleistung für und individualisierter Anforderung an eigenverantwortliches Handeln zu finden. Diese Aufgabe stellt sich im System der Gesetzlichen Krankenversicherung besonders akzentuiert, da die Versicherten zum größten Teil Pflichtmitglieder sind und sich einem möglichen unsolidarischen Verhalten anderer nicht entziehen können.

(10) Die für eigenverantwortliches Handeln notwendigen Vorleistungen des Gesundheitssystems werden vor allem durch den Grundleistungskatalog der GKV definiert, der seit 2009 auch für den Basistarif der PKV maßgeblich ist. Anforderungen an eigenverantwortliches Handeln ergeben sich zum einen durch Ausgliederungen aus dem Regelleistungsbereich der GKV (»fakultative Eigenverantwortung«) und zum anderen durch die Knüpfung der vollständigen Regelleistungen der GKV an die Erfüllung bestimmter Bedingungen (»obligatorische Eigenverantwortung«). Zur fakultativen Eigenverantwortung sind vor allem die nicht oder nicht mehr erstattungsfähigen individuellen Gesundheitsleistungen (»IGeL«) sowie die nur über Wahltarife erstattungsfähigen Leistungen der GKV zu zählen. Eigenverantwortung soll hier über eine vollständige Privatisierung der Zahlungsverpflichtungen oder über die Zuordnung einzelner Versicherter zu einem vom Regelleistungskollektiv der GKV separierten Zusatzversicherungskollektiv erzielt werden. Obligatorische Eigenverantwortung findet sich z.B. in der Abhängigkeit des Festzuschusses für Zahnersatz von regelmäßigen zahnärztlichen Prophylaxeuntersuchungen und bei der Differenzierung der Zuzahlungsbelastungsgrenze chronisch kranker Versi-

cherter nach Maßgabe der Inanspruchnahme von Vorsor-
geuntersuchungen. Durch die Sanktionierung bestimmten
Verhaltens soll so eine Rückbindung individuell eigenverantwortlichen Handeln an die Erfordernisse der Solidargemeinschaft erreicht werden.

(11) Die privaten Absicherungssysteme des Krankheits- und
Pflegebedürftigkeitsrisikos unterscheiden sich deutlich von
den gesetzlichen Regelsystemen. Während jedoch in der
Privaten Pflegepflichtversicherung bei der Beitragserhebung
und Leistungserbringung gemäß § 110 SGB XI eine größere
Zahl von Elementen der Sozialen Pflegeversicherung analog
berücksichtigt wird (z.B. Kontrahierungszwang, Verbot von
Leistungsausschlüssen und Prämiendifferenzierungen nach
dem Geschlecht, beitragsfreie Mitversicherung von Kindern),
sind die Unterschiede zwischen Privater und Gesetzlicher
Krankenversicherung sehr stark ausgeprägt. In der Privaten
Krankenversicherung erfolgt die Prämienerhebung nach dem
individuellen Äquivalenzprinzip. Das heißt: Für jeden Versicherten wird die Versicherungsprämie so bemessen, dass
über die gesamte Versicherungslaufzeit voraussichtlich eine
Deckung von Prämieneinnahmen und Versicherungsausgaben erreicht wird. Entsprechend ist die Versicherungsprämie abhängig vom Gesundheitszustand und Eintrittsalter der
Versicherten; bislang hängt sie zudem vom Geschlecht der
Versicherten ab und ist aufgrund erwarteter höherer Versicherungsausgaben für Frauen relativ höher.[2] Für Kinder und
nicht erwerbstätige Ehegatten muss eine eigenständige Versicherungsprämie gezahlt werden. Private Versicherer sind

---

2. Ein Urteil des Europäischen Gerichtshofs verpflichtet private Krankenversi-
cherer jedoch dazu, ab 2012 geschlechtsunabhängige Tarife anzubieten.

berechtigt, einzelne Versicherungswillige abzulehnen oder Leistungsausschlüsse zu vereinbaren. Eine weitere Folge der individualisierten Prämienerhebung in der Privaten Krankenversicherung ist, dass Prämien »nach Art der Lebensversicherung« erhoben werden. Bei Versicherungseintritt wird eine Kalkulation für die gesamte voraussichtliche Versicherungsdauer vorgenommen und eine Prämie ermittelt, die bei Konstanz aller Rechnungsgrundlagen bis zum Versicherungsende unverändert bleiben soll. In jungen Jahren zahlen Versicherte auf diese Weise Prämien, die höher als ihre erwarteten Versicherungsausgaben sind, und sammeln so Alterungsrückstellungen an; im Alter werden die Alterungsrückstellungen aufgelöst und ermöglichen Prämien, die geringer als die erwarteten Krankheitskosten sind (»Kapitaldeckungsverfahren«). Berücksichtigt wird bei diesem Verfahren allerdings nur, dass die individuellen Gesundheitskosten im Laufe des Lebens zunehmen. Allgemeine Kostensteigerungen im Gesundheitssystem werden hingegen nicht einkalkuliert. Die von den Versicherten zu entrichtenden Prämien steigen daher – trotz der Alterungsrückstellungen – im Zeitablauf stark an und betragen im Alter ein Vielfaches der Einstiegstarife. In jedem Fall werden die Gesundheitsausgaben aus dem Volkseinkommen der laufenden Periode gedeckt; nur die Umverteilungswege sind unterschiedlich.

(12) Begreift man gesetzliche und private Systeme der Absicherung von Gesundheitsrisiken als Elemente einer Gesamtordnung, dann wird deutlich, dass künftige Herausforderungen für die Gesundheitspolitik immer auch beide Systeme betreffen müssen. Diese Herausforderungen werden in den folgenden Abschnitten benannt, ohne im Einzelnen zwischen beiden Systemen zu unterscheiden. Da die gesetzlichen

Regelsysteme für knapp 90 Prozent der Bevölkerung maßgeblich sind, werden sie in dieser Denkschrift jedoch einen prominenteren Teil einnehmen. Das Nebeneinander beider Systeme bringt jedoch auch spezifische Problemstellungen mit sich, die in ihren Auswirkungen immens sein können; auch diese werden daher angesprochen.

A.II. Einflussfaktoren für die Gesundheitspolitik

A.II.1. Demografischer Wandel, medizinischer Fortschritt und anbieterinduzierte Nachfrage

(13) Wenn für die Zukunft ein im Vergleich zur allgemeinen Wirtschaftsentwicklung überproportionaler Anstieg der von den Sozialsystemen zu tragenden Gesundheitsausgaben erwartet wird, so ist Grundlage dieser Prognose neben dem demografischen Wandel und dem Wandel familiärer Lebensformen die Annahme, dass die medizintechnische Entwicklung auch künftig zu einer Ausweitung der Diagnose- und Behandlungsmöglichkeiten führen wird und daher in der Gesamtbetrachtung von einer Kostenausweitung pro Versichertem ausgegangen werden muss. In Wechselwirkung miteinander stellen die genannten Entwicklungen die zukünftige Gesundheitspolitik vor große Herausforderungen – das gilt vor allem, wenn nicht zugunsten von mehr Prävention und einer kritischen Überprüfung der Anreize in der Pharmaindustrie umgesteuert wird.

(14) Seit der Wende vom 19. zum 20. Jahrhundert hat sich das Krankheitspanorama rasch und durchgreifend geändert. Dafür war in erster Linie der zivilisatorische Fortschritt ver-

antwortlich, erst in zweiter Linie und deutlich später (nach dem Zweiten Weltkrieg) fiel der medizinische Fortschritt ins Gewicht. Heute dominieren in Deutschland und vergleichbaren Ländern chronische Krankheiten und Residuen – nicht zuletzt infolge einer immer erfolgreicheren konservativen und operativen Medizin. Zusammen mit der weiter kontinuierlich zunehmenden Lebenserwartung führt die epidemiologische Transition zu einer immer häufigeren Multimorbidität: Neben den bekannten Symptomen, Komplikationen und Folgen jeder einzelnen Krankheit nehmen alle klinisch Tätigen an ihren Patienten weiter hinzutretende Zweit- und Dritterkrankungen wahr. Zum Teil resultieren sie aus für mehrere Krankheiten relevanten Risikokonstellationen.

(15) Die zunehmende Alterung der Gesellschaft verändert das Verhältnis der Generationen zueinander und führt insbesondere zu einer überdurchschnittlich wachsenden Zahl hochaltriger Menschen. Damit steigt über die Gesamtbevölkerung das Risiko des Eintritts von Hilfe- und Pflegebedürftigkeit, Multimorbidität und demenziellen Erkrankungen. Alleinlebende ältere Menschen, zu denen vor allem Frauen zählen, sind aber besonders gefährdet, mit zunehmendem Alter zu vereinsamen. Zwar lebt ein Großteil der »jüngeren Alten« heute noch in Ehen oder festen Partnerschaften und in familiären, freundschaftlichen oder nachbarschaftlichen sozialen Netzen mit einem vielfältigen und wechselseitigen Austausch von Hilfeleistungen. Der Anstieg der Scheidungsraten auch langjähriger Ehen, geringere Kinderzahlen in den Familien bis hin zur Kinderlosigkeit bei etwa einem Drittel der Elterngeneration sowie die wachsende berufliche Mobilität lassen jedoch für die Zukunft erwarten, dass die familiären Netzwerke nur begrenzt belastbar und verfügbar sein werden. Die

Bedeutung von Freundschaften und Nachbarschaft sowie die Notwendigkeit zivilgesellschaftlicher Initiativen werden als Ressourcen für Hilfeleistungen deshalb zunehmen. Daneben wird jedoch auch staatlichen Hilfeleistungen eine weit größere Bedeutung als heute zukommen.

(16) Während ein Eintreten der geschilderten Entwicklungen dem Grunde nach unvermeidbar sein wird, hängt das Ausmaß der damit verbundenen Folgen unter anderem davon ab, ob die demografische Alterung in Zukunft mit einer Verbesserung des gesundheitlichen Zustands der Bevölkerung einhergeht. In den letzten Jahrzehnten hat sich der Gesundheitszustand älterer Menschen insbesondere im »Dritten Lebensalter« erheblich verbessert. Die »jungen Alten« sind heute im Durchschnitt aktiver, gesünder und selbstständiger als in der Vergangenheit; Gesundheit, Mobilität und Leistungsfähigkeit nehmen statistisch gesehen erst ab dem 80. Lebensjahr deutlich ab. Entscheidend beeinflussen allerdings auch verhaltens- und verhältnisbezogene Merkmale wie Bildungsstand, Einkommenssituation, körperliche und psychische Belastungen und Lebensstil den Gesundheitszustand. Menschen mit geringerer Bildung haben ein höheres Erkrankungsrisiko und verfügen seltener über Strategien für ein gesundheitsbewusstes Verhalten. Benachteiligungen, die sich im Verlauf des Lebens entwickelt haben, wirken sich dabei in besonders ausgeprägter Weise im Alter aus. Hiervon sind vor allem Menschen mit Behinderungen und Menschen mit Migrationshintergrund betroffen. Der demografische Wandel birgt also nicht nur quantitative, sondern auch qualitative Herausforderungen: die Anpassung der Leistungsangebote an die spezifischen Bedarfe der wachsenden Zahl multimorbider und demenziell erkrankter älterer Menschen aus einem brei-

teren Spektrum heterogener Lebenslagen und biografischer Hintergründe.

(17) Neben (Gesundheits-)Bildung, gesundheitsfördernden Arbeitsbedingungen und einem auf spezifische Bedarfe zuge- schnittenen Leistungsangebot wird auch weiterhin der medi- zinische Fortschritt erheblichen Einfluss auf den allgemeinen Gesundheitszustand und die Entwicklung der Gesundheits- ausgaben nehmen. Die Zugewinne an Lebenserwartung und Lebensqualität in den letzten Jahrzehnten lassen sich aber nicht allein – zum Teil nicht einmal vorwiegend – auf medi- zinische Errungenschaften zurückführen. Sozialer und medi- zinischer Fortschritt stehen in enger Korrelation zueinander und zur demografischen Entwicklung. Auch in hochentwi- ckelten Gesellschaften, in denen seit langem erkennbar ist, dass soziale und gesundheitliche Ungleichheit eng gekoppelt sind, sind die Möglichkeiten zur Verbesserung der Gesund- heit vor allem der benachteiligten Bevölkerungsgruppen bei weitem nicht ausgeschöpft.

(18) Der medizinische Fortschritt selbst kann auf zwei Ar- ten kostensteigernd wirken: Er kann zum einen die Gesund- heitskosten der Angehörigen eines bestimmten Lebensalters erhöhen, indem er für diese Personen die Diagnostizierung von Krankheiten und die Erbringung von Leistungen *zu- sätzlich* zum bisherigen Stand der Wissenschaft ermöglicht; zum anderen kann medizinischer Fortschritt die Gesund- heitskosten über die Erhöhung der Zahl der Überlebenden eines bestimmten Alters und damit über eine zunehmende individuelle Lebenserwartung ansteigen lassen, sodass er di- rekt die demografische Entwicklung beeinflusst. Während der zuerst genannte Aspekt die Gesundheitskosten in jedem Fall

erhöht – Kostenfaktoren treten auf, die zuvor gar nicht möglich waren –, ist umstritten, ob die durch technischen Fortschritt erzielte Erhöhung der durchschnittlichen Lebensdauer zwangsläufig zu einem Anstieg der Gesundheitskosten führen muss. So ist belegt, dass die Gesundheitskosten weniger mit dem kalendarischen Alter als weit mehr mit der Nähe des Todes zunehmen; sie sind insbesondere im letzten Lebensjahr eines Menschen besonders hoch (»Kompression der Morbidität«). Gewonnene Lebensjahre sind deshalb nicht unbedingt mit höheren Kosten verbunden. Empirische Untersuchungen kommen bislang zu dem Ergebnis, dass medizinischer Fortschritt die Gesundheitsausgaben zwar unterproportional zur Zunahme der Lebenserwartung, aber überproportional zum wirtschaftlichen Wachstum oder zum allgemeinen Produktivitätsfortschritt erhöht.

(19) Im Zusammenhang mit den im Gesundheitssystem anfallenden Kosten bzw. der dort zu beobachtenden Kostenentwicklung wird häufig auch auf das Problem der *anbieterinduzierten Nachfrage* hingewiesen. Diese Diskussion ist keineswegs neu und grundsätzlich auch nicht von der spezifischen Ausgestaltung des deutschen Gesundheitssystems abhängig, sondern verweist auf potenzielle Marktversagenstatbestände, mit denen sich jedes Gesundheitssystem konfrontiert sieht, wenn es eine maßgeblich über Krankenversicherungen gewährleistete Leistungsfinanzierung mit einem hohen Maß an autonomer Leistungserbringung durch Ärzte und andere Anbieter von Gesundheitsleistungen verbindet. Ursache dieser Problematik ist erstens eine ausgeprägte und zum Teil vermeidbare oder verringerbare Informationsasymmetrie zwischen Anbietern und Nachfragern auf dem Gesundheitsmarkt über Art und Ausmaß zu erbringender Ge-

sundheitsleistungen. Dieser Wissensunterschied kann dazu führen, dass – anders als auf anderen Märkten – die Art und Menge konsumierter Gesundheitsgüter nicht aus den Präferenzen und der Zahlungsfähigkeit der Nachfrager, sondern – wenigstens zum Teil – aus davon unterschiedlichen Eigeninteressen der Anbieter abzuleiten ist. Eine zweite Asymmetrie zwischen Leistungsnehmer und Leistungserbringer ist konstitutiv mit der ungleichen Verteilung von Leiden, Schmerzen und Ängsten verbunden. Üblicherweise konsultieren Patienten ihre Ärztinnen und Ärzte, wenn sie erkrankt, also verletzlich, bedürftig und abhängig von Hilfe sind. Damit sind Ärztinnen und Ärzte mit ihren Hilfsangeboten in einer dominanten Position. Eine dritte Asymmetrie ist darin zu sehen, dass die Erbringung von Gesundheitsleistungen häufig zeitkritisch ist. Patienten befinden sich – beispielsweise aufgrund einer akuten Notlage oder erheblichen Unwohlseins –, anders als die behandelnden Ärztinnen und Ärzte, zum Teil nicht in der Lage, Abwägungsentscheidungen der Inanspruchnahme von Gesundheitsleistungen zu treffen und sind daher in besonderem Maße von Professionalität und Ethik der Leistungserbringer abhängig. Hinzu kommt schließlich, dass *krankenversicherte* Nachfrager von Gesundheitsleistungen nur geringe Anreize haben, die wesentlich vom Anbieter beeinflusste Nachfrageentscheidung zu hinterfragen, wenn die im Zuge dieser Entscheidung anfallenden Kosten nicht von ihnen selbst, sondern vom Kollektiv der Versicherten getragen werden. Dieses Problem tritt dann mit zusätzlicher Schärfe auf, wenn Nachfrager Preis und Aufwand von Gesundheitsleistungen nicht als Restriktion auffassen, sondern als besonderen Qualitätsindikator interpretieren. Im Gesamtergebnis kann anbieterinduzierte Nachfrage somit zur Folge haben, dass mehr und andere Leistungen erbracht werden, als bei

vollständiger Information und Kostenerbringung der Nachfrager der Fall sein würde.

(20) Ob die Höhe und Entwicklung der Gesundheitskosten
in Deutschland tatsächlich in wesentlichem Zusammenhang
mit anbieterinduzierter Nachfrage steht, wird kontrovers diskutiert. Zwar wird die geschilderte Grundproblematik von
unabhängiger wissenschaftlicher Seite kaum in Frage gestellt,
doch lässt sich aus bisher vorliegenden empirischen Untersuchungen nicht eindeutig auf das Vorliegen eines substanziellen Beitrags anbieterinduzierter Nachfrage an der Entwicklung der deutschen Gesundheitskosten schließen. Der Grund
dafür ist vor allem darin zu sehen, dass das hochregulierte
deutsche Vergütungssystem von Gesundheitsleistungen eine
künstliche Nachfrageausweitung in jener einfachen Form,
die in empirischen Untersuchungen identifizierbar ist, in
den letzten Jahren wirksam verhindert hat. Zusätzlich wurde
mit dem GKV-Wettbewerbsstärkungsgesetz 2009 die haus-
ärztliche Versorgung auf Versichertenpauschalen und die
fachärztliche Versorgung auf Grund- und Zusatzpauschalen
umgestellt, die ab 2011 um diagnoseorientierte Fallpauscha-
len ergänzt werden sollen; eine unwirtschaftliche Ausweitung
der Arztkontakte sowie der Art und Menge der im Einzelfall
erbrachten Gesundheitsleistungen wird damit im Regelfall
für die Leistungserbringer nicht mehr vorteilhaft sein. Daraus lässt sich jedoch nicht schließen, dass die grundsätzlichen
Marktversagenstatbestände auf dem Gesundheitsmarkt, die
sich aus dem Informations- und Interessengegensatz von Anbietern und Nachfragern ergeben, vollständig bewältigt wären; entsprechende Anreizprobleme können sich vielmehr an
anderen Stellen wiederfinden. So könnte die mit dem GKV-
Finanzierungsgesetz 2010 vorgesehene Erleichterung der

Wahl des Kostenerstattungsverfahrens durch die Versicherten dem Problem anbieterinduzierter Nachfrage wieder Vorschub leisten, indem Leistungserbringern ein Raum eröffnet wird, Gesundheitsleistungen außerhalb des regulierten Bereichs zu erbringen und das Risiko der Kostenerstattung auf die Nachfrager zu verlagern. Auch im Bereich der IGeL-Leistungen besteht die große Gefahr einer wenig effektiven und für die Nachfrager teuren Leistungsausweitung.

A.II.2. Von der Eigenverantwortung zur Bürgergesellschaft

(21) In der aktuellen gesundheitspolitischen Diskussion wird oft eine Ausweitung der privaten Absicherung des Krankheitskostenrisikos gefordert und mit dem Begriff der Eigenverantwortung verknüpft. Zum einen geht es dabei um eine schärfere Abgrenzung zwischen solidarisch gesicherten Grundleistungen und privat zu tragenden Ergänzungsleistungen im Gesundheitssystem, zum anderen stehen Leistungsausschlüsse oder stärkere Kostenbeteiligungen bei Krankheitskosten, die zum Teil auf ein mögliches Selbstverschulden zurückgeführt werden könnten, im Mittelpunkt. Die Wettbewerbsausrichtung und Ökonomisierung des Gesundheitswesens seit Ende der 1980er Jahre hat diese Entwicklung maßgeblich gefördert, indem zunehmend eine »Kundenorientierung« der Leistungsanbieter gefordert wurde: Mit ihren Wahl- und Entscheidungsmöglichkeiten sollen kranke und pflegebedürftige Menschen seither in verstärktem Maße den Wettbewerb um die beste Versorgungsqualität befördern. Hilfeangebote werden als Dienstleistungen begriffen, die – ganz wie auf anderen Märkten – im Wettbewerb zueinander stehen. Es darf nicht übersehen werden, dass deren Nutzung eine »Kundensouveränität« voraussetzt, die im Falle schwe-

rer akuter und vieler chronischer Krankheiten nicht gegeben ist. Im Gegenteil: Das Verhältnis zwischen Ärzten, Therapeuten, Pflegenden und Patienten ist von verschiedenen, letztlich nicht völlig aufhebbaren Asymmetrien gekennzeichnet. Denn der existenziellen Betroffenheit und Unsicherheit, dem Informationsdefizit und der Einsamkeit der betroffenen Patienten und ihrer Angehörigen stehen sachliche Distanz und Routine, Erfahrung, Professionalität und die Kollegialität einer Organisation gegenüber. Dieses Gefälle und die damit verbundene Abhängigkeit machen die Vorstellung »gleicher Augenhöhe« und »gemeinsamer Entscheidungsfindung« oft genug zu einer Illusion.

(22) Die politisch geforderte Stärkung von Eigenverantwortlichkeit könnte man gleichwohl auch so verstehen, dass die einzelnen Gruppen mit besonderem gesundheitlichen Versorgungsbedarf, aber auch ihre Angehörigen die eigenen Interessen selbstbewusst und öffentlich benennen, bestehende Angebote kritisch hinterfragen und Mitbestimmungsmöglichkeiten einfordern – wie zum Beispiel in der Kampagne für eine frühzeitige Erkennung und Behandlung von Brustkrebs, beim Engagement der Angehörigen von Alzheimer-Patienten für eine Veränderung der Altenhilfe in Deutschland oder bei der Diskussion um Patientenrechte in der Palliative Care- und Hospizbewegung. Auch die Zunahme von Selbsthilfebewegungen im Gesundheitswesen, die in den 1970er Jahren mit der Psychiatriebewegung begann und mittlerweile viele Patienten mit chronischen Erkrankungen erreicht hat, kann als Ausdruck einer sich verändernden Haltung von Betroffenen und ihrem Verhältnis zu Professionellen im Gesundheitswesen verstanden werden. Professionelle Beratung und Hilfe müssen deshalb die Wahl- und Entscheidungsmöglichkeiten

der »mündigen Patienten« respektieren und deren Eigenverantwortung in die Beratung und Behandlung einbeziehen.

(23) Die Entwicklung hin zu einer stärkeren Betonung der Eigenverantwortung muss aber stets berücksichtigen, dass die Befähigung zur Nutzung der damit verbundenen Potenziale sehr ungleich verteilt ist. Bekanntlich sind Gesundheit und Krankheit multifaktoriell bedingt. Eine Vielzahl von personalen, soziokulturellen und gesellschaftspolitischen Faktoren nimmt in vielschichtiger Weise Einfluss auf den Gesundheitszustand einer Bevölkerung. Der wichtigste Einflussfaktor auf die Gesundheit ist die soziale Lage, wobei ausschlaggebend für eine erhöhte Krankheits- und Sterbewahrscheinlichkeit nicht allein die individuell nachteilige Soziallage ist, sondern eine relativ schlechte Soziallage im Vergleich zur Durchschnittsbevölkerung. Vergleichsweise schlechtere Wohn- und Arbeitsbedingungen oder vergleichsweise schlechtere Zugangsmöglichkeiten zu Angeboten der gesundheitlichen Versorgung reduzieren die Möglichkeiten und Fähigkeiten für eine gesundheitsdienliche Lebenslage und einen gesundheitsdienlichen Lebensstil.

A.II.3. Paradigmenwechsel Behindertenrechtskonvention

(24) Die Behindertenrechtskonvention der Vereinten Nationen (BRK), die nach Ratifikation durch Bundestag und Bundesrat seit März 2009 auch für Deutschland verbindlich ist, stellt nicht nur für Medizin und Pflege, sondern auch für Rehabilitation und Gesundheitsversorgung behinderter und psychisch kranker Menschen neue Herausforderungen. Behinderung wird nicht mehr allein als körperliches oder seelisches Problem des Einzelnen verstanden, vielmehr wird auch

die Gesellschaft herausgefordert, so zu »funktionieren«, dass sie niemanden von der Teilhabe auschließt. In diesem Sinne »sind« Menschen nicht nur behindert, sie »werden« auch behindert – und die damit verbundenen Leiden und Nachteile können stärker ins Gewicht fallen. Damit wird paradigmatisch deutlich, dass Gesundheitspolitik mehr sein muss als die Neuausrichtung des Gesundheitssystems im Sinne der notwendigen medizinischen oder pflegerischen Versorgung.

(25) Die Vertragsstaaten haben sich in Art. 25 BRK verpflichtet, Menschen mit Behinderungen eine unentgeltliche oder erschwingliche Gesundheitsversorgung in derselben Bandbreite, von derselben Qualität und auf demselben Standard wie anderen Menschen zur Verfügung zu stellen sowie Gesundheitsleistungen vorzuhalten, die spezifisch wegen Behinderung benötigt werden. Diese Leistungen sollen gemeindenah angeboten werden. Diese Verpflichtung bedeutet insbesondere, die Zugänglichkeit und Barrierefreiheit der gesundheitlichen Versorgung zu verbessern und die spezifische Kompetenz der Gesundheitsberufe zu erhöhen. Dazu müssen die Leistungsträger, Leistungserbringer und Professionen des Gesundheitswesens miteinander und mit den Selbsthilfe- und Angehörigengruppen der behinderten Menschen zusammenarbeiten.

(26) Weiterhin haben sich die Vertragsstaaten verpflichtet, die Diskriminierung behinderter Menschen in der Krankenversicherung zu verbieten. Damit sind insbesondere die Zugangs- und Versicherungsbedingungen der Privaten Krankenversicherung, einschließlich der Zusatzversicherung, angesprochen. Die Verpflichtung auf eine risikoadäquate Kalkulation (§ 20 Abs. 2 AGG) genügt nicht, um behinderten Menschen einen benachteiligungsfreien Zugang zu sichern.

(27) Die Rehabilitation ist in Art. 26 BRK als eigenständiger Bereich der sozialen Aktivität der Vertragsstaaten benannt. Sie dient dem Zweck, ein Höchstmaß an Selbstbestimmung, Fähigkeiten, Einbeziehung in alle Aspekte des Lebens und volle Teilhabe zu erreichen und zu bewahren – insbesondere auf den Gebieten der Gesundheit, der Beschäftigung, der Bildung und der Sozialdienste. Der rehabilitative Ansatz der Gesundheitsversorgung und die Pflichten der Krankenkassen als Rehabilitationsträger sollten daher vom Rand der Debatte ins Zentrum rücken. Die Nachrangigkeit sozialer Teilhabe im deutschen Sozialleistungssystem gegenüber medizinischen Interventionen ist zu überprüfen. Persönliche Assistenz und assistive Technologien müssen einen höheren Stellenwert bekommen und einfacher zugänglich werden.

A.III. Leistungssteigerung oder Kostenexplosion in Kranken- und Pflegeversicherung?

(28) Die meisten Bürgerinnen und Bürger sind überzeugt, dass die Probleme des Gesundheitssystems vor allem auf der Kostenseite zu suchen sind. Richtig ist, dass die Gesundheitsausgaben in Deutschland in den letzten Jahren überproportional zum Sozialprodukt angestiegen sind. Zwischen 2000 und 2008 nahmen sie im Durchschnitt um 2,7 Prozent zu, 2009 sogar um 5,2 Prozent. Allerdings hat diese starke Steigerung womöglich mit den Auswirkungen der Finanzkrise zu tun. Der Anteil der Gesundheitsausgaben am Bruttoinlandsprodukt stieg daher in diesem Zeitraum von 10,3 Prozent auf 11,6 Prozent. Kostenentwicklungen im Gesundheitssystem betreffen in der Wahrnehmung vor allem die Bereiche der Gesetzlichen Kranken- und Sozialen Pflegeversicherung, de-

ren Gesundheitsausgaben seit 2000 um beinahe 29 Prozent gestiegen sind. In der Folge stiegen auch die Beitragssätze an, in der Gesetzlichen Krankenversicherung seit 2000 um zwei Beitragspunkte. Aber auch die Ausgaben der Privaten Krankenversicherung haben deutlich zugenommen, seit 2000 um über 47 Prozent. Auch hier müssen Versicherte einen wesentlich höheren Preis für ihren Versicherungsschutz zahlen als noch vor zehn Jahren. Hinzu kommt, dass private Haushalte einen immer größeren Teil der Gesundheitsausgaben selbst tragen müssen – seit 2000 hat ihr Anteil an den gesamten Ausgaben von 11,6 Prozent auf 14,5 Prozent zugenommen. Diese spürbaren Ausgabensteigerungen geben zu Befürchtungen Anlass, ein hochwertiges Gesundheitssystem, zu dem alle Bevölkerungsteile Zugang haben, könne im Laufe der Zeit unfinanzierbar werden. Hinter den Kosten- und Beitragssteigerungen verbergen sich jedoch sehr verschiedene Ursachen, die eine differenzierte Betrachtung erforderlich machen.

(29) Sowohl in der GKV als auch in der PKV existieren spezifische, der jeweiligen Systemlogik geschuldete Probleme. Ein erstes Problem ergibt sich aus der Koppelung der GKV-Finanzierung an die Lohneinkommen abhängig Beschäftigter und bestimmte Transfereinkommen (z.B. Rente). Sie hat zum einen eine hohe Abhängigkeit des Beitragsvolumens von kurzfristigen Konjunkturschwankungen zur Folge, zum anderen kann sie zu einem langfristigen Einnahmeproblem führen, wenn die Einkommen – z.B. aufgrund veränderter Erwerbsstrukturen und des demografischen Wandels – schwächer wachsen als die Ausgaben. Mögliche Beitragssatzsteigerungen, die daraus folgen, erhöhen die Lohnnebenkosten und können so negative Effekte auf den Arbeitsmarkt – und damit wiederum auf die Beitragsgrundlage der GKV – ha-

ben. Ein weiteres Problem ist die mangelnde Zielgenauigkeit der Einkommenssolidarität innerhalb der GKV. Mit den an die Lohneinkommen gekoppelten Beitragsverpflichtungen soll eine Belastung der Versicherten nach ihrer individuellen Leistungsfähigkeit erreicht werden. Die finanzielle Belastung der einkommensstarken Haushalte wird jedoch durch die Beitragsbemessungsgrenze gedeckelt. Es ist zudem problematisch, dass andere individuelle Einkommen als die Lohneinkommen außer Acht gelassen werden. Versicherte mit Erträgen aus Privatvermögen werden auf diese Weise bevorzugt.

(30) Wie alle im Umlageverfahren finanzierten Sozialversicherungssysteme ist auch die GKV zunehmend mit dem Problem der intergenerationellen Gerechtigkeit konfrontiert. Der Finanzierungsdruck innerhalb der GKV kann dazu führen, dass junge Versicherte und zukünftige Generationen mit höheren Beiträgen bei geringeren Leistungen konfrontiert und somit relativ schlechter als die aktuell bereits älteren Versicherten gestellt werden. In diesem Zusammenhang ist zu überprüfen, ob die beitragsfreie Mitversicherung von nichterwerbstätigen Ehepartnern nicht an die Erziehung von Kindern oder die Pflege von Angehörigen geknüpft werden muss; mehr als die Hälfte der beitragsfrei mitversicherten Ehepartner haben zurzeit keine solchen Verpflichtungen. Auf diese Weise erfahren erwerbstätige Alleinerziehende eine geringere Förderung als Alleinverdiener-Ehepaare.

(31) Auch im Bereich der PKV ist ein wachsender Problemdruck zu beobachten. So wird seit vielen Jahren der mangelnde Wettbewerb der PKV-Unternehmen um Bestandsversicherte bemängelt, der damit begründet wird, dass die Versicherer Alterungsrückstellungen in einer Weise bilden,

die einen Versicherungswechsel unter Mitnahme der Alterungsrückstellung erschweren. Bis 2009 war der Wechsel zu einem anderen Versicherungsunternehmen mit einem vollständigen Verlust der Alterungsrückstellungen verbunden und ist es für ältere Krankenversicherungsverträge weiterhin. Da beim Abschluss eines neuen Versicherungsvertrages das – altersbedingt steigende – Krankheitsrisiko neu berechnet wird und Versicherte mit Vorerkrankungen, die sie während des vorherigen Versicherungsschutzes erworben haben, beim neuen Versicherer Risikozuschläge gegen sich gelten lassen müssen, sind die Prämien beim Wechsel im höheren Alter so hoch, dass ein Wechsel für den Versicherten ökonomisch inopportun ist. Seit 2009 müssen PKV-Unternehmen Neuversicherten bei einem Versicherungswechsel immerhin einen Teil der Alterungsrückstellungen mitgeben; die Mitgabe nur eines Bruchteils der Alterungsrückstellung lässt aber erwarten, dass auch der Wettbewerb um diese Bestandsversicherten nur in begrenztem Umfang möglich sein wird. Ein weiteres Problem der PKV sind die ausgeprägten Ausgabensteigerungen in den letzten Jahrzehnten, die sich in ebenso starken Prämienerhöhungen niederschlugen. Sie resultieren auch daraus, dass die Versicherungsunternehmen praktisch keinen Einfluss auf die Art, die Kosten und die Mengen der von ihren Versicherten in Anspruch genommenen Leistungen haben. Zwischen 1985 und 2005 kam es in der PKV im Durchschnitt zu einer Verdreifachung der Prämien, in der GKV war die Beitragssatzsteigerung im gleichen Zeitraum nur in etwa halb so hoch. Trotz der deutlichen Prämiensteigerungen ist es für Personen mit einem Wahlrecht zwischen PKV und GKV, die über ein gesichertes höheres Einkommen verfügen und keine oder wenige Kinder haben, häufig noch günstiger, eine Versicherung in der PKV abzuschließen. Mit zunehmendem Alter kann sich die Situation jedoch anders darstellen, denn Kostensteigerungen wirken sich überproportional auf die Prämien älterer Versicherter aus. Diesen bleibt dann nur die Wahl, die steigenden Prämien zu entrichten oder Einschränkungen im Versicherungsumfang in Kauf zu nehmen, etwa durch die Wahl eines Selbstbehaltstarifs, durch Leistungsausschlüsse oder durch einen Wechsel in den Basistarif. Prämienerhöhungen und Leistungsbegrenzungen treten somit gerade dann ein, wenn im Regelfall die finanziellen Mittel knapper und die gesundheitlichen Einschränkungen größer werden.

(32) Anders als in der Gesetzlichen Krankenversicherung sind die Beiträge und der Leistungsumfang der Sozialen Pflegeversicherung vom Gesetzgeber festgeschrieben. Die Leistungen der Pflegeversicherung sind angesichts des Altersaufbaus der Bevölkerung von großer und steigender Bedeutung. Insofern müssen sie der Entwicklung der Löhne und Preise angepasst, d.h. dynamisiert werden. Die Leistungen der Pflegeversicherung sind zwischen 1995 und 2008 unverändert geblieben. Mit der Pflegeversicherungsreform 2008 wurde erstmals zum 01.07.2008 die überwiegende Anzahl der Leistungen der Pflegeversicherung erhöht. Die zweite Stufe der Erhöhung erfolgte zum 01.01.2010, die dritte wird zum 01.01.2012 erfolgen. Diese bis zum Jahr 2008 fehlende Anpassung an die Preis- und Lohnentwicklung führt(e) zu einer deutlichen Kaufkraftreduktion und zu einem Verlust des Wertes der Pflegeleistungen für die pflegebedürftigen Menschen und damit zu Akzeptanzproblemen bei der Sozialen Pflegeversicherung. Nach dem Pflege-Weiterentwicklungsgesetz soll die Bundesregierung zukünftig alle drei Jahre, erstmals im Jahre 2014, die Notwendigkeit und Höhe einer Dynamisierung der Leistungen der Pflegeversicherung prüfen. Umso dringender

stell sich die Frage nach der nachhaltigen und generationengerechten Finanzierung der Pflegeversicherung.

(33) Das finanzielle Gleichgewicht der Sozialen Pflegeversi-
cherung wird von drei Entwicklungen bestimmt: der Zahl der
Leistungsempfänger, der von diesen in Anspruch genommenen
Leistungsformen und der Einnahmebasis, d.h. der Zahl der
Beitragszahler und der von diesen verdienten und der Beitrags-
pflicht unterliegenden Einkommen. Die Zahl der Leistungsempfänger wird aufgrund des demografischen Wandels in den
nächsten Jahren deutlich zunehmen. Vorausberechnungen des
Statistischen Bundesamtes gehen davon aus, dass die Zahl der
Pflegebedürftigen bei konstanter altersspezifischer Pflegewahrscheinlichkeit von aktuell ca. 2,3 Mio. bis 2020 auf 2,8 Mio.
und bis 2030 auf 3,3 Mio. steigen wird. Nimmt die altersspe-
zifische Pflegewahrscheinlichkeit aufgrund des medizintechni-
schen Fortschritts sowie einer effizienteren Prävention und Rehabilitation ab, wird eine geringere, aber immer noch deutlich
zunehmende Zahl an Pflegebedürftigen prognostiziert: Für
2020 werden dann 2,68 Mio., für 2030 2,95 Mio. Pflegebedürftige erwartet. Hinzu kommt, dass sich seit Einführung der
Pflegeversicherung ein Trend zur relativ teureren stationären
Pflege beobachten lässt[3]; von 1998 bis 2007 hat der Anteil der
stationär versorgten Pflegebedürftigen an allen Leistungsemp-
fängern von 29,4 Prozent auf 33,1 Prozent zugenommen. Ob
sich dieser Trend fortsetzen wird, ist schwer abzuschätzen, die
zunehmende Zahl von Single- und kinderlosen Paarhaushal-
ten sowie die vermutlich weiter steigende Erwerbsquote von
Frauen weisen in diese Richtung, sofern es nicht gelingt, die

---

3. Ein Pflegebedürftiger kostet bei ambulanter Pflege durchschnittlich 6.600 Euro,
   bei stationärer Pflege durchschnittlich 16.100 Euro im Jahr.

ambulante Versorgung weit besser als bisher mit Haushalts-dienstleistungen und einer verbesserten Wohninfrastruktur zu koppeln. Das finanzielle Gleichgewicht der Pflegeversicherung gerät jedoch – analog zur Krankenversicherung – auch durch eine proportional kleiner werdende Einnahmebasis unter Druck. Das relativ zu den Ausgaben schwache Wachstum der Einnahmen ist dabei bislang noch nicht auf demografische Effekte zurückzuführen, sondern Folge der in den letzten Jahren zu verzeichnenden Stagnation der Realeinkommen und des gleichzeitigen Trends zu nicht sozialversicherungspflichtiger Beschäftigung. Ähnlich wie in der Gesetzlichen Krankenversicherung werden sich daher zukünftig verstärkt Probleme steigender Beitragssätze und damit verbundener zunehmender Belastungen des Faktors Arbeit mit Lohnnebenkosten ergeben. Die Ausgestaltung der Pflegeversicherung als Teilversicherung führt zusätzlich dazu, dass Kostensteigerungen die Pflegebedürftigen selbst und bei deren Überforderung die für die Hilfe zur Pflege verantwortlichen Kommunen betreffen. So ist zwischen 1998 und 2008 die Empfängerzahl der Hilfe zur Pflege bereits von 290.000 auf 322.000 gestiegen. Für die Zukunft lässt sich ein weit stärkerer Anstieg der Zahl armutsgefährdeter Pflegebedürftiger erwarten.

A.IV. Vermarktlichung des Gesundheitssystems

A.IV.1. Zunehmende Ausrichtung des Gesundheitssystems auf eine ökonomische Programmatik

(34) Spätestens seit Anfang der 1990er Jahre lässt sich mit der Öffnung der GKV für private Anbieter und der Pflegeversicherung für den Wettbewerb zwischen Trägern der Freien

Wohlfahrtspflege und gewinnorientierten privaten Anbietern eine spürbar zunehmende Ökonomisierung und Vermarktlichung des Gesundheitssystems beobachten. Ausgangspunkt dieser Entwicklung ist zum einen der Wunsch, mithilfe der Konkurrenz der Anbieter untereinander und einer Abkehr vom Vollkostendeckungsprinzip Wirtschaftlichkeitsreserven zu erschließen und Anreize zur Entwicklung innovativer Leistungskonzepte – etwa im Bereich des Gesundheitsmanagements – zu setzen. Auf diese Weise könnten Kosteneinsparungen, die unter anderem zur Begrenzung des Anstiegs der Lohnnebenkosten als notwendig angesehen werden, ohne Qualitätseinbußen gelingen. Allerdings haben die letzten Jahre gezeigt, dass die Abkehr vom Kostendeckungsprinzip auch zum Druck auf die Entgelte der Beschäftigten und die zeitlichen Ressourcen für deren Arbeit geführt hat und damit letztlich zu neuen Qualitätseinbußen führen kann. Ausgangspunkt für die Veränderungen ist aber auch der Wunsch der Empfänger von Gesundheitsleistungen, starre Strukturen zu lockern, um mehr Wahlfreiheit und Mitbestimmung im Behandlungsprozess zu ermöglichen.

(35) Die verschiedenen mit der Vermarktlichung des Gesundheitssystems verbundenen Ziele und Erwartungen harmonieren also nicht in jedem Fall miteinander. Es kann zu Überforderungen und ungewünschten Akzentverschiebungen kommen. Aus Sicht der Leistungserbringer eröffnet Wettbewerbsorientierung neue Freiräume und Gewinnchancen, setzt sie aber zugleich dem Anpassungsdruck des Marktes aus. Aus Sicht der Nachfrager werden neue Autonomiespielräume eröffnet, sie bringen aber die Gefahr mit sich, dass Kosteneinsparungen zu Lasten der Qualität gehen und einer Technisierung der Medizin Vorschub leisten.

(36) Beispielhaft erkennbar werden diese Spannungsverhält-
nisse und Akzentverschiebungen in den Sondergutachten des
ehemaligen Sachverständigenrats für die konzertierte Aktion
im Gesundheitswesen 1996 und 1997, die den Titel »Gesundheitswesen in Deutschland. Kostenfaktor und Zukunftsbranche« trugen. *Kostenfaktor* für die GKV und zunehmend
auch die Versicherten – *Zukunftsbranche* der heute sogenannten Gesundheitswirtschaft. Hinter der gewählten Begrifflich-
keit verschwindet die Sicht der medizinischen Versorgung als
kostbare und über mehr als hundert Jahre mühsam erarbeite-
te soziokulturelle Errungenschaft zur kollektiven Bewältigung
fundamentaler menschlicher Lebensrisiken. Dass es aufwendig und kostenträchtig sein würde, die »Ziele der Medizin«
zu verfolgen, ist seit Bismarcks Zeiten nie in Frage gestellt
worden. Neu ist der Gesichtspunkt, dass medizinische Versorgung auch der ökonomischen Wertschöpfung und Um-
satzrendite vor allem privater Unternehmen zu dienen habe
und dass es insofern eine Funktion auch der GKV sei, die
Gesundheitswirtschaft auf dem »ersten Gesundheitsmarkt«
zu unterhalten und jährlich überdurchschnittlich wachsen zu
lassen.

(37) Im Zuge dieser Entwicklung werden bestimmte Unter-
suchungs- und Behandlungsmethoden zu »lukrativen Ge-
schäftsfeldern«, Kliniken zu »Wettbewerbern«, Arztpraxen zu
vorgelagerten »Klinikportalen«, Patienten zu »eigenverantwortlichen Kunden« mit einer auszuschöpfenden »Zahlungs-
bereitschaft«. Immer wieder ist zu hören und zu lesen, die
medizinische Versorgung sei »unterfinanziert«, die zur Verfügung stehenden Finanzmittel grundsätzlich »knapp«, neben
den einer zusätzlichen »Einkommenssteuer« entsprechenden GKV-Beiträgen müssten neue »Finanzierungsquellen«

»erschlossen« werden, sollte es nicht zu einer massenhaften »Rationierung« kommen. Die hier allein schon sprachlich fassbare Vermarktlichung dominiert die aktuelle Entwicklung der medizinischen Versorgung, und sie durchdringt den öffentlichen Diskurs über die Bewältigung von Krankheit mit medizinischen Mitteln. Sie verdrängt andere, ältere Diskurse wie etwa den zur anthropologischen Situation von akut und chronisch Kranken, zur professionellen Selbstdefinition von Ärzten, Therapeuten und Pflegenden, zur Humanität im Krankenhaus und Ethik medizinischer Organisation, zur objektivierenden Prioritätensetzung oder zur Verteilungsgerechtigkeit in der medizinischen Versorgung.

A.IV.2. Zweiter Gesundheitsmarkt

(38) »Gesundheit« ist in den letzten beiden Jahrzehnten zum Leitbegriff eines sich neu formierenden Wirtschaftssektors geworden, der von vielen vor allem als ein Feld für Innovationen und Investitionen, für Wirtschaftswachstum und Arbeitsplätze angesehen wird. Der »Gesundheitsmarkt« reicht weit über die klassischen Felder der Krankenversorgung und Rehabilitation hinaus, zu ihm rechnen sich nicht nur Arznei- und Hilfsmittelhersteller, sondern auch Unternehmen, die Nahrungsmittel herstellen oder Reisen anbieten. Die erbrachten Leistungen auf dem Gesundheitsmarkt werden entsprechend nicht mehr nur von Kranken-, Unfall- und Pflegeversicherung getragen, sondern von einer zunehmenden privaten Nachfrage, von der Haushalte mit niedrigem Einkommen allerdings praktisch ausgeschlossen sind.

(39) Auf diesem neuen, »zweiten Gesundheitsmarkt« werden sogenannte individuelle Gesundheitsleistungen (IGeL) ge-

handelt. Es geht um Untersuchungs- und Behandlungsmethoden, die aus verschiedenen Gründen nicht von der GKV finanziert werden. Sie werden den sie beanspruchenden Patienten direkt in Rechnung gestellt und ermöglichen den sie anbietenden Ärzten ein zusätzliches Einkommen. Das jährliche Umsatzvolumen wird aktuell auf rund 1,5 Milliarden Euro geschätzt. Wenige IGeL sind aus medizinischer Sicht sinnvoll, ja notwendig (z.B. im Bereich der Reisemedizin); für viele liegt (noch) keine überzeugende Nutzen-Evidenz vor; manche sind geprüft und für unwirksam bzw. im Mittel nutzlos gefunden worden. Ein guter Teil bezieht sich auf Methoden der Alternativ- und Komplementärmedizin. Überproportional viele sollen der individuellen Primär- und Sekundärprävention dienen und damit die Eigenverantwortung stärken, sie verstärken aber angesichts ihres zweifelhaften Nutzens eher allfällige Unsicherheiten und Ängste.

(40) Der Deutsche Ärztetag hat sich im Jahr 2006 allerdings in einer Entschließung hinter die Einführung solcher IGeL-Leistungen gestellt: »In einem zunehmend von der Ökonomie geprägten Gesundheitssystem (sic!) muss es Ärztinnen und Ärzten erlaubt sein, auf eine solche Nachfrage (nach IGeL) zu reagieren und insoweit auch ökonomisch zu handeln, um ihre freiberufliche Tätigkeit und Existenz zu sichern.« Nach einer Untersuchung haben rund 50 Prozent aller einen niedergelassenen Arzt in Anspruch nehmenden GKV-Versicherten schon einmal IGeL angeboten bekommen oder selbst nachgefragt und dann zum größeren Teil auch in Anspruch genommen. Diese Häufigkeit erreichte im Jahr 2010 die 40-Prozent-Marke. Bei fast allen Arztgruppen schien es häufiger zu Angeboten als zur Patientennachfrage gekommen zu sein; dies gilt besonders für Augenärzte, Gynäkologen und Orthopäden.

(41) Die Vermarktung von IGeL hat viele Facetten. Ein wesentliches Risiko ist in der Aushöhlung der traditionellen Arzt-Patient-Beziehung zu sehen: Denn der/die Kranke kann nicht sicher sein, warum ihr/ihm eine bestimmte Leistung außerhalb des GKV-Katalogs angeboten wird. Agiert der Arzt im besten Interesse des Patienten oder doch eher in seinem eigenen, ökonomischen Interesse? Angesichts der oft nebulösen Literatur- und Evidenzlage fehlt der Forderung nach einer »gemeinsamen Entscheidungsfindung« (»shared decision-making«) und der Patientenautonomie ein wesentliches Substrat. Die verfasste deutsche Ärzteschaft hat zur Regulierung des Marktes 2006 zehn »Gebote« zum Anbieten und Erbringen von IGeL veröffentlicht und sie 2008 in einer Patientenbroschüre einer breiten Öffentlichkeit zugänglich gemacht. Diese Entwicklung bringt es mit sich, dass – nicht nur in diesem Feld – die Identifikation und Kontrolle von »Interessenskonflikten« immer häufiger im Mittelpunkt öffentlicher Diskussionen und medialer Recherchen steht. Eine weitere Facette der Entwicklung des zweiten Gesundheitsmarktes besteht in der Abgrenzung und Propagierung bisher unbekannter Gesundheitsstörungen wie zum Beispiel der Aufmerksamkeitsstörung bei Schulkindern, gegen die in den letzten Jahren zunehmend Medikamente verordnet wurden.

A.IV.3. Wettbewerb im Versicherungssystem

(42) Der Gesetzgeber hat vor zwei Jahrzehnten für nahezu alle Versicherten der GKV die Kassenwahlfreiheit eingeführt. Aus dieser – auch aus gleichheitsrechtlichen Überlegungen getroffenen – Entscheidung resultierte zwangsläufig, dass die Krankenkassen untereinander in einen verschärften Wettbewerb gestellt wurden. Die Konkurrenz der Kassen unterei-

nander hat dazu geführt, dass sie ihre Versicherten als Kunden und nicht mehr als Bürgerinnen und Bürger begreifen, die einen sozialen Rechtsanspruch in einer selbstverwalteten Körperschaft realisieren. Auch bemühen sich die Krankenkassen seither – etwa durch Gestaltung von Satzungsleistungen, Wahltarifen und Verträgen integrierter Versorgung –, ein den Versichertenpräferenzen entsprechendes Versorgungsangebot zu entwickeln. Dass dieses zwangsläufig vor allem den Ansprüchen junger, gesunder und relativ gut verdienender Versicherter entgegenkommt, zeigt die Zweideutigkeiten wettbewerblicher Lösungen im Gesundheitssystem auf. Der Wettbewerb verstärkt den Zwang, mit Blick auf den Beitragssatz (heute: Zusatzbeitrag) günstiger als die Konkurrenz zu sein. Dies führt auf der einen Seite zum Beispiel dazu, dass die Krankenkassen hart mit der pharmazeutischen Industrie um Rabattverträge verhandeln. Sie werden auf der anderen Seite aber auch restriktiver in der Leistungsgewährung – insbesondere gegenüber solchen Versicherten, die »schlechte Risiken« darstellen.

(43) Eine zunehmende Aufmerksamkeit erfahren in den letzten Jahren jene Probleme, die sich aus dem Nebeneinander von gesetzlicher und privater Versicherung ergeben. So wird mit Recht gefordert, dass alle Mitglieder der Gesellschaft die gleichen Wahlrechte in Bezug auf den Versicherungsschutz haben sollten; eine Beschränkung dieses Wahlrechts auf Besserverdienende, Selbstständige und Beamte erfüllt diese Voraussetzung nicht. Von der Segmentierung des Versicherungsmarktes und von den unterschiedlichen Bedingungen, unter denen GKV und PKV wirtschaften, gehen zudem problematische distributive Wirkungen aus. Für die PKV sind als potenzielle Kunden vor allem die freiwillig Versicherten der

GKV interessant, d.h. jene Versicherten, die sich zwischen beiden Systemen entscheiden können. Aus Sicht der potenziellen Kunden kommt ein Wechsel in die PKV dabei vor allem für junge, gesunde Alleinstehende und kinderlose Doppelverdiener in Frage. Entscheiden sie sich zu einem Wechsel, kommen der GKV gerade jene Versicherten abhanden, die überproportional zur Einkommens- und Risikosolidarität beitragen.

(44) Das Nebeneinander der beiden Versicherungssysteme kann darüber hinaus aber auch negative allokative Effekte haben und sich somit negativ auf die Markteffizienz auswirken. Private Krankenversicherungsunternehmen stehen im Wettbewerb um junge Neukunden und haben deshalb ökonomische Anreize, ihre Prämiengestaltung vor allem auf diese Gruppe zu konzentrieren. Dies führt zu niedrigen Einstiegstarifen, die mit dem Lebensalter rasch ansteigen. Während diese steigende Belastung in der jüngeren Vergangenheit aufgrund stetig steigender Löhne und Gehälter für viele privat Versicherte tragbar war, gilt dies angesichts der Wachstumserwartungen und der voraussichtlichen Lohnentwicklung für die nähere Zukunft nicht in gleicher Weise. Es ergibt sich zudem das Problem, dass Unternehmen der PKV aufgrund des mangelnden Wettbewerbs um Bestandskunden kaum Anreize haben, auf deren sich im Lebenslauf wandelnde Bedürfnisse einzugehen und z.B. die Versorgung bei chronischen Erkrankungen oder im höheren Lebensalter wirksam und kosteneffizient zu gestalten. Stattdessen kann es für sie vorteilhaft sein, eigenständige Tarife für Neukunden anzubieten und im Alter überproportional steigende Prämien für Bestandskunden in Kauf zu nehmen (»Vergreisung von Tarifen«). Der an der Schnittstelle zur PKV geführte Wett-

bewerb um freiwillig Versicherte kann zusätzlich auch im Bereich der GKV Marktineffizienzen verursachen. So stellen die neuen Selbstbehalts- und Beitragsrückerstattungstarife der GKV-Träger vor allem darauf ab, die Beitragsbelastung junger, gesunder und gut verdienender Versicherter zu senken, um für diese Gruppe einen Wechsel zur PKV weniger attraktiv zu machen. Dem GKV-System werden damit aber Mittel zur Gewährleistung der Einkommens- und Risikosolidarität und für auf Versicherte mit schlechten Risiken zielende Programme einer besseren Versorgung entzogen. Allokative Verzerrungen können schließlich durch die unterschiedlichen Vergütungsstrukturen in GKV und PKV auch im Bereich der Leistungserbringung entstehen. Die höheren Vergütungssätze im System der PKV sowie die dort fehlenden Leistungsmengenbegrenzungen setzen vor allem im ambulanten Bereich finanzielle Anreize, Privatversicherte bei der Allokation medizinischer Leistungen zu bevorzugen. Folge kann eine Fehl- und Überversorgung Privatversicherter und eine entsprechende Unterversorgung gesetzlich Versicherter sein. Tatsächlich ist der Ausgabenanstieg der PKV im Vergleich zur GKV bei den ambulanten Arztkosten besonders ausgeprägt.

A.V. Soziale Ressourcen im Gesundheitssystem

(45) Die öffentliche Debatte um die finanziellen und professionellen Ressourcen des Gesundheitssystems greift zu kurz. Für die Zukunft werden die sozialen und sozialmoralischen Ressourcen unserer Gesellschaft ebenso wichtig sein. Nur wenn die Sorge für andere, neben der um das eigene Fortkommen, weiterhin hohen Respekt und gesellschaftliche Wertschätzung erfährt, nur wenn junge Menschen frühzeitig

lernen, sich nicht nur um die eigene Gesundheit und Fitness zu sorgen, sondern auch achtsam mit denen umzugehen, die gesundheitliche Einschränkungen erleben und der Hilfe anderer bedürfen, wenn in Familien und Schulen freiwilliges Engagement selbstverständlich gelernt wird, kann es auf Dauer gelingen, Menschen für Pflege- und Gesundheitsberufe, aber auch für nachbarschaftliches und ehrenamtliches Engagement zu gewinnen. Der Imageverlust der Pflegeberufe im Vergleich zu den letzten Jahren und die ersten Anzeichen eines Pflegenotstands machen deutlich: Es ist alles andere als selbstverständlich, dass junge Menschen oder auch Quereinsteiger bereit sind, sich in einem Sorgeberuf zu engagieren und zu qualifizieren. Diese besorgniserregende Tendenz wird sich fortsetzen, wenn die Entgelte in diesen Berufen nicht ausreichen, um den eigenen Lebensunterhalt zu bestreiten. Der Wegfall des Zivildienstes hat zudem gerade jungen Männern ein Lernfeld genommen, in dem erfahren werden konnte, wie befriedigend die Hilfe für andere sein kann. – Denn die Sorge um Leben und Gesundheit unserer Nächsten ist wesentliche Triebkraft der christlichen Tradition, wie Matthias Claudius' Abendlied-Bitte zeigt: »Verschon uns, Gott, mit Strafen und lass uns ruhig schlafen. Und unsern kranken Nachbarn auch!«

(46) Die neuzeitliche Diakonie begann in der Mitte des 19. Jahrhunderts mit einem breiten, aus dem Glauben gegründeten Engagement angesichts der wachsenden Nöte der beginnenden Industriegesellschaft. Das Engagement der Gemeinden, die Spendenbereitschaft der Bürger, die Bildungsanstrengungen der Einrichtungen, die Gründung von Gemeinschaften und Netzwerken gingen der Professionalisierung voraus und waren der Nährboden für die Entwicklung der Sozialberufe und der Freien Wohlfahrtspflege. Aus

der Berufung zur Nächstenliebe entstand erst mit der Zeit eine moderne und nach Bedarfen differenzierte Berufsdynamik und eine vielfältige Entwicklung von spezifischen Professionen und Arbeitsfeldern, wie wir sie heute in den medizinischen Fachdisziplinen, in Kranken- und Altenpflege, in Heilpädagogik, Atemtherapie, Physiotherapie und anderen kennen. So wurden aus Hospizen Krankenhäuser und Fachkliniken, Altenheime und vielfältige Dienstleistungsangebote, und dieser Prozess nahm in dem Maße zu, wie die sich entwickelnde Gesundheitsbranche durch Sozialversicherungen gestützt und ökonomisch gefördert wurde. So entscheidend diese Entwicklung nicht zuletzt für die Gesundheit der Bevölkerung (und den demografischen Wandel) war, so wenig darf in Vergessenheit geraten, dass weder Politik noch Recht oder Ökonomie allein für die zugrunde liegenden sozialen und sozialmoralischen Ressourcen sorgen oder sie gesetzlich einfordern können. Empathie und Zuwendung, Kooperationsfähigkeit und Engagement lassen sich nicht erkaufen oder durch politische Programme erzwingen; sie bedürfen der inneren Motivation und hängen nicht zuletzt von dem Maß an Respekt und Würde ab, das Menschen einander zusprechen.

A.V.1. Entwicklung der Professionen

(47) Neben bekannten Berufen in Medizin und Pflege, neben therapeutischen und Assistenzberufen entstehen neue Berufsgruppen, die oftmals zwischen den einzelnen Sparten angesiedelt sind: operationstechnische Assistenten, medizinische Qualitätsmanager, Hygienebeauftragte. Andere sind lange eingeführt und stehen vielleicht nicht jedem vor Augen, wenn von Berufen im Gesundheitswesen die Rede ist: Podologen,

medizinische Masseure, Kinderkrankenschwestern, Atem-
oder Physiotherapeuten. Einige dieser Berufe werden – wie
Ärzte oder Apotheker – seit langer Zeit als »Professionen« verstanden, andere – wie die Pflegenden oder die Logopäden –
kämpfen seit längerer Zeit um dieses Selbstverständnis.

(48) Mit dem Begriff »Profession« werden alle Berufsgruppen
bezeichnet, die – nicht ohne Gegenleistungen – mit einem besonderen gesellschaftlichen Status verbunden sind. Neben Ärzten und Apothekern gehören Rechtsanwälte oder auch Pfarrer
zu den »klassischen Professionen«: Ihre Tätigkeit bezieht sich
auf gesellschaftlich für wesentlich gehaltene Problembereiche.
Für die Zusage verlässlicher und auch am Gemeinwohl orien-
tierter Dienste genießen sie die Vorteile einer vergleichsweise
hohen Autonomie und Selbstregulierung – z.B. in der Aus-,
Weiter-, Fortbildung ihrer Mitglieder oder in einer eigenen Ge-
richtsbarkeit. Erwartet wird ein Ethos, das den Klienten und
anvertrauten Menschen in den Mittelpunkt des Interesses stellt.

(49) Aufgrund der wachsenden Diskrepanz zwischen fachlichen Standards und ökonomischer Begrenzung haben Medi-
zinerinnen und Mediziner, die bislang einen besonders privilegierten Status genossen, den Eindruck, dass Bedeutung
und Freiheit der traditionellen Professionen abnehmen. Im
Jahr 2002 veröffentlichte eine multinationale Gruppe von
ärztlichen Organisationen eine »Charta on Medical Professionalism«, in der versucht wurde, den skizzierten gesellschaftlichen Vertrag zu bekräftigen bzw. zu erneuern. Die
Charta sieht die Professionen durch eine Vielzahl von Entwicklungen bedroht, nicht zuletzt durch die Überbetonung
einer ökonomischen gegenüber der fachlichen Steuerung:
»Professionalism is the basis of medicine's contract with so-

ciety.« Sie benennt die Werte, Verhaltensweisen und Beziehungsformen, die das Vertrauen, das die Öffentlichkeit in alle klinisch Tätigen setzt, stärken können. Die Charta formuliert vertraute professionelle Pflichten und Tugenden, die offenbar einer erneuten Selbstvergewisserung (nach innen) und einer offensiven Behauptung (nach außen) bedürfen. Die darin enthaltenen Verpflichtungen können als Konkretisierung des § 1 Abs. 1 der Bundesärzteordnung (»Der Arzt dient der Gesundheit des einzelnen Menschen und der Bevölkerung.«) und als Ausfüllung der vier medizinethischen Grundprinzipien Patientenautonomie, Nicht-Schädigung, Wohlergehen und Gerechtigkeit verstanden werden.

(50) Auf diese Weise soll in Erinnerung gerufen werden, dass die Mitglieder der Professionen im Gesundheitswesen eine soziale Rolle und Haltung beanspruchen, zugeschrieben bekommen und schützen wollen, die über die ökonomischen Interessen des eigenen oder des sie beschäftigenden Betriebes weit hinausgehen. Dies gilt jedoch heute nicht mehr nur für Ärztinnen und Ärzte, die diese Selbstverpflichtungen neu formulieren, weil sie sie als bedroht erleben, sondern auch für andere Berufsgruppen wie die Pflegenden, die diesen privilegierten Status seit den 1970er Jahren für sich anstreben. Ein Dialog der verschiedenen Professionen und Akteure, die einander – vor allem im deutschen Gesundheitssystem – in einer strengen Hierarchie zugeordnet sind, ist deshalb dringend notwendig. Dabei geht es auch um Fragen unterschiedlicher professioneller Ethiken.

(51) Schaut man auf Autonomie und Selbstregulierung, die unabhängige Festlegung der professionsspezifischen fachlichen Standards der eigenen Arbeit, eigene Sanktionsmöglich-

keiten und hohe gesellschaftliche Anerkennung, ist deutlich erkennbar, dass die Pflege sich noch im Professionalisierungsprozess befindet. Dieser wurde durch die in den 1990er Jahren mit der Einführung pflegebezogener Studiengänge und der damit verbundenen Akademisierung der Pflege weiter vorangetrieben. Die sich abzeichnende Statusaufwertung der Pflegeberufe insbesondere gegenüber dem Medizinberuf wird durch gesetzliche Regelungen zur Qualitätsentwicklung und Qualitätsüberprüfungen und die Folgen der demografischen Entwicklung – Personalnotstand in der Pflege und einsetzender Ärztemangel vor allem im ländlichen Bereich – weiter forciert.

(52) Ausbildungsreformen werden zwar – zum Beispiel im Blick auf eine gemeinsame Grundausbildung – diskutiert, ihre fachliche Fundierung steckt jedoch trotz vielfältiger Modellversuche und Grundsatzpapiere noch in den Anfängen. Dies gilt insbesondere für die Sicherstellung von Durchlässigkeit zwischen den einzelnen Qualifizierungsstufen, die Festlegung von Qualifikationsprofilen für angelernte Tätigkeiten, Fachausbildung und Weiterbildungsprofilen, die Verbesserung der praktischen Ausbildungsteile und die Vereinheitlichung der Schulformen. Auch dies mindert die Attraktivität des Berufes und verstärkt die bestehenden Rekrutierungsprobleme. Fachpflege fokussiert sich dadurch zunehmend auf die Übernahme von Steuerungs- und Durchführungsverantwortung und auf die Übernahme eigenverantwortlicher klinischer Tätigkeiten in der stationären wie ambulanten Versorgung. Einzelne pflegerische und betreuende Maßnahmen werden dann auf un- und angelernte Kräfte delegiert und mit dem Argument der Alltagsnähe legitimiert. Die Diskrepanz zwischen dem Anspruch an professionelles Handeln und der

Versorgungspraxis verstärkt sich und kann sich negativ auf die weitere Professionalisierung der Pflege und die Attraktivität des Berufsfeldes auswirken.

A. V. 2. Soziale Netze und spirituelle Ressourcen

(53) Effektiv gestaltete Behandlungsprozesse bei immer kürzeren Liegezeiten im Krankenhaus, die Entwicklung und Vernetzung von hoch spezialisierten Kompetenzzentren, die Verknüpfung von Kliniken mit niedergelassenen Ärzten und die wachsende Zahl ambulanter Operationen zeigen: Stationäre Behandlungs- und Versorgungsstrukturen stellen den kleinsten Teil der Behandlungskette dar, der auch für pflegebedürftige ältere Menschen immer mehr in den Hintergrund tritt. Auch in den Pflegeeinrichtungen für alte und behinderte Menschen selbst werden die Pflege- und Behandlungsstrukturen immer deutlicher von der Finanzierung und Gestaltung des Wohn- und Lebensumfelds getrennt. Schon bei Einführung der Pflegeversicherung mit dem Grundsatz »ambulant vor stationär« wurde die Richtung hin zu einer vernetzten und integrierten, quartiersbezogenen Versorgung markiert. Dabei spielte auch eine Rolle, dass der Prozess der Professionalisierung nicht unbegrenzt vorangetrieben werden kann. Nicht nur die Zahl der professionellen Pflegekräfte müsste nämlich in den nächsten 20 Jahren verdoppelt werden, sondern auch die Entgelte für Fachpflege könnten angesichts der steigenden Nachfrage deutlich zunehmen – und sollten das mit Blick auf die mit dem Beruf verbundenen Belastungen auch. Angesichts dieser Herausforderungen ist die gute Kooperation zwischen Fachkräften, Hilfskräften, Nachbarschaftsnetzen und Ehrenamtlichen unverzichtbar.

(54) Die gängige professionelle Modularisierung, Standardisierung und Segmentierung in den Pflegediensten steht in Spannung zu der Tatsache, dass Heilung sowie der Umgang mit Krankheit und Verletzlichkeit personale, existenzielle und auch religiöse Geschehen sind. Wo es um die elementaren Bedürfnisse eines verletzlichen Menschen geht, können distanzierende Beschreibungen und Behandlungen, die den Patienten immer auch zum Objekt machen, nur begrenzt erfolgreich sein. Empathie und Intuition sind hier ebenso gefragt wie Solidarität. Je hilfebedürftiger Menschen sind, desto bedeutungsvoller wird die Teilhabe am Leben in der Gemeinschaft.

(55) Schon jetzt eröffnen Seniorengenossenschaften, Mehrgenerationenprojekte und Demenznetzwerke neue Möglichkeiten. Eine neue Bürgerbewegung entsteht, in der »junge Alte« ihre Zukunft aktiv gestalten und in der vor allem die Angehörigen Demenzerkrankter die Teilhabe wie die Pflegesituation von Älteren in unserer Gesellschaft zum öffentlichen Thema machen. Das Bewusstsein für die Notwendigkeit, angesichts einer durchschnittlichen häuslichen Pflegezeit von acht Jahren, Beruf und Pflegearbeit gut vereinbaren zu können, wächst.

A.VI. Zunehmende Relevanz von Schnittstellenproblemen im Sozialsystem

(56) Die hohe Ausdifferenzierung des deutschen Sozialsystems mit den fünf Zweigen der Sozialversicherung und den ergänzenden Leistungen der Sozialhilfe hat Vor- und Nachteile. Ein wesentlicher Vorteil ist, dass Leistungen in einem

relativ hohen Ausmaß auf Bedarfe des Einzelfalls zugeschnitten werden können; erst wenn Menschen aus verschiedenen Gründen durch das primäre Netz der Sozialversicherungen fallen, sichern in letzter Instanz die verschiedenen Leistungsformen der Sozialhilfe das Existenzminimum. Auch letztere sind wiederum untergliedert, um spezifischen Bedarfen – etwa im Rahmen der Hilfe zur Gesundheit, der Hilfe zur Pflege und der Eingliederungshilfe für behinderte Menschen – Rechnung zu tragen. Ein Nachteil der Ausdifferenzierung ist, dass die Verzahnung der verschiedenen Systeme häufig nicht reibungslos funktioniert und Menschen mit grundsätzlich ähnlichen Bedarfen, je nach Zuordnung, zum Teil inhaltlich und qualitativ unterschiedliche Leistungen erhalten.

(57) Die Soziale Pflegeversicherung zeigt beispielhaft auf, wie die Hinzufügung eines neuen Sozialsystems neben positiven Wirkungen auch das Auftreten von Schnittstellenproblemen und damit verbundener negativer Folgeerscheinungen begünstigen kann. Ein wichtiger Grund für die Einführung der Pflegeversicherung bestand gerade darin, die mangelhafte Verzahnung der bis dahin für Pflegebedürftige zuständigen Sozialsysteme zu überwinden. Es ist ihr jedoch bislang nicht gelungen, bestehende Abgrenzungsprobleme im Sinne einer ineinandergreifenden, gesamtkonzeptionellen Lösung zu bewältigen und vorhandene Sicherungslücken vollständig zu schließen. Wichtige Schnittstellenprobleme der Pflegeversicherung bestehen zur im SGB V geregelten Gesetzlichen Krankenversicherung, zur im SGB XII geregelten Hilfe zur Pflege und zur im SGB IX und SGB XII (Eingliederungshilfe) geregelten sozialrechtlichen Sicherung behinderter Menschen.

(58) Besonders problematisch ist dabei die Schnittstelle zwischen der Pflegeversicherung und der sozialrechtlichen Sicherung behinderter Menschen nach dem SGB IX und SGB XII. Sie ist vor allem auf den Umstand zurückzuführen, dass die Pflegeversicherung in ihrem Leitbild das Ziel einer Befähigung der Leistungsempfänger zur Teilhabe an der Gesellschaft nicht kennt und das übergreifende Recht behinderter Menschen bislang nicht beachtet, während dieses Leitbild zugleich maßgeblich für Leistungen nach dem SGB IX und der Eingliederungshilfe des SGB XII ist. Gravierende Abstimmungsprobleme treten so beispielsweise beim Persönlichen Budget nach § 17 Abs. 2 SGB IX auf. Nach dieser Rechtsnorm besteht für behinderte oder von Behinderung bedrohte Personen ein Rechtsanspruch, Leistungen des SGB IX in Form eines trägerübergreifenden Budgets zu erhalten, in das auch Pflegeleistungen einbezogen werden können. Nach § 35a SGB XI können diese Pflegeleistungen aber beinahe ausschließlich in Form von Gutscheinen, die bei zugelassenen Pflegediensten einzulösen sind, erbracht werden. Damit wird der Einbezug von Pflegesachleistungen in das Persönliche Budget praktisch unmöglich, wenn der Budgetnehmer diese nicht in Gutscheinformen ins Budget einbringen will, was dem Ziel einer eigenverantwortlichen Inanspruchnahme notwendiger Leistungen und der durch die Pflegeversicherung angestrebten Stärkung häuslicher Pflege entgegensteht. Ein weiteres Problem ist darin zu sehen, dass für pflegebedürftige behinderte Menschen Teilhabe- und Eingliederungsleistungen häufig nicht erbracht werden, obwohl z.B. nach § 13 Abs. 3 S. 3 SGB XI Pflege- und Eingliederungsleistungen einander nicht ausschließen sollen; dies gilt vor allem für alte Menschen. Eine nicht sachgerechte Trennung zwischen Pflege- *oder* Teilhabeleistungen findet sich zudem auch auf

Einrichtungsebene: Nutzerinnen und Nutzer von stationären Einrichtungen, die vor allem Teilhabeleistungen erbringen und keinen Versorgungsvertrag als Pflegeeinrichtung haben, erhalten von der Pflegekasse unabhängig von ihrer Pflegestufe nur einen Leistungsbetrag im Umfang von derzeit maximal 256 Euro monatlich, sodass sich für Menschen, die pflegebedürftig und behindert sind, häufig eine ebenso schwierige wie folgenreiche Wahlentscheidung zwischen Pflege- und Behinderteneinrichtungen stellt.

B. Ethische Kriterien für die Gesundheitspolitik

B.I. Allgemein-ethische Kriterien und theologische Ethik

(59) Gute Gesundheitspolitik benötigt wie jede gute Politik Grundlagen, Kriterien und Ziele, die sie bestimmen und begrenzen. Solche Grundlagen, Kriterien und Ziele für eine menschengerechte Gesundheitspolitik finden sich im Recht, in der Ökonomie, in der Medizin und der Pflege. Darüber hinaus sind vor allem solche ethische Kriterien und Gesichtspunkte entscheidend, die in der Anthropologie, der Individual- und Sozialethik begründet sind. Allgemeine Akzeptanz können gesundheitspolitische Entscheidungen nämlich nur finden, wenn sie die Möglichkeiten, ein gutes Leben in Gemeinschaft mit anderen zu führen, nicht versperren oder unterlaufen. Ob eine jeweilige Gesundheitspolitik sich ethischen, rechtlichen, anthropologischen, ökonomischen und medizinisch-pflegerischen Überprüfungen stellt, ist nicht von vornherein ausgemacht. Sicher ist Politik die »Kunst des Möglichen«, aber legitimerweise auch Macht auf Zeit, die viel Kompromissfähigkeit erfordert. Deshalb sind gesundheitspolitische Entscheidungen nicht immer daraufhin transparent, wem sie dienen oder nützen. Bisweilen wollen sie dies auch gar nicht sein. Angesichts dieser Uneindeutigkeit politischer Entscheidungen kann in einem demokratisch-rechtsstaatlich organisierten Gemeinwesen mit Hilfe der im Folgenden in Erinnerung gerufenen Kriterien die Richtung der jeweiligen Politik beurteilt und ggf. bei der nächsten Wahl korrigiert

werden. Religion und Moral machen zwar nicht einfach Politik; sie machen aber zum einen eine menschenfreundliche Politik möglich und damit zum anderen auch manche Politik unmöglich. Dies ist dann der Fall, wenn Bürgerinnen und Bürger angesichts bestimmter Gründe und Kriterien zu dem Ergebnis kommen, dass die eingeschlagenen Wege korrigiert werden müssen.

(60) Eine gerechte und gute Gesundheitspolitik kann wesentliche Impulse aus religiösen Überzeugungen gewinnen. Tragfähige religiöse Überzeugungen stehen aber keineswegs im Widerspruch zu Orientierungen, die sich der Reflexion praktischer Vernunft verdanken. Ihre ethischen Konsequenzen lassen sich vielmehr für alle Menschen guten Willens plausibel machen. Wenn biblische, kirchliche und theologische Perspektiven und Impulse mit allgemein plausiblen Standards weitgehend übereinstimmen, dann kommt ihnen im öffentlichen Diskurs besonderes Gewicht zu. Es spricht vieles dafür, dass die ethischen Rahmenrichtlinien, die jenseits weltanschaulicher Grenzen in unseren politischen Diskursen im Prinzip Akzeptanz finden, mit zentralen Aussagen christlicher Ethik konvergieren. Dieser Zusammenhang geht im öffentlichen Bewusstsein bisweilen verloren. Die Kirche hat deshalb eine besondere Verpflichtung, daran zu erinnern, welche grundlegende Rolle der christliche Traditionsstrom für unsere Sozial- und Gesundheitspolitik spielt. Das gilt etwa für den grundsätzlichen Wert der Solidarität der Starken mit den Schwachen, die gleichzeitige Bedeutung der Eigenverantwortung, die Notwendigkeit eines gerechten Ausgleichs zwischen den Generationen, die Rechte von Menschen mit Behinderung, wie sie etwa in der entsprechenden UN-Konvention festgelegt sind, oder die Notwendigkeit, Menschengerechtes

und Sachgerechtes aufeinander zu beziehen. Es gilt aber auch für die ethisch begründete Ablehnung der Verschwendung von Ressourcen, die sich im Effektivitäts- und Effizienzkriterium zeigt.

(61) Im Folgenden soll es darum gehen, solche konvergierenden ethischen Grundüberzeugungen sichtbar zu machen, sie im Lichte der christlichen Überlieferung zu interpretieren und für eine Antwort auf die ethischen Orientierungsfragen des Gesundheitswesens fruchtbar zu machen. Dafür sollen Grundlagen, Kriterien und Ziele eines Gesellschaftsmodells, das auch in der Gesundheitspolitik den Menschen in den Mittelpunkt stellt, skizziert werden. Dass die evangelische Kirche dabei von den Traditionen und Glaubensinhalten ausgeht, die ihr Trost und Ansporn sind, wird nicht überraschen. Sie verbindet aber – wo es möglich ist – »Perspektiven und Impulse aus dem christlichen Glauben«[4] mit dem »Grundkonsens einer zukunftsfähigen Gesellschaft«[5].

B.II. Theologisch-biblische Kriterien

(62) Das von Juden und Christen geteilte Bekenntnis, dass Gott der Schöpfer dieser Welt ist und den Menschen zu seinem Ebenbild geschaffen hat, war prägend für unsere Kultur und hat viel zu ihrer Humanität beigetragen. Gleichzeitig beleuchtet es immer wieder von Neuem die Aspekte unseres po-

---

4. Vgl. »Für eine Zukunft in Solidarität und Gerechtigkeit. Gemeinsames Wort des Rates der Evangelischen Kirche in Deutschland und der Deutschen Bischofskonferenz zur wirtschaftlichen und sozialen Lage in Deutschland«, Hannover, Bonn 1997, Abschnitt 3.

5. Vgl. a.a.O., Abschnitt 4.

litischen und gesellschaftlichen Lebens, an denen wir hinter diesem Bekenntnis zurückbleiben. Überall, wo der Mensch nur noch als Mittel zum Zweck und nicht zugleich als Zweck an sich behandelt wird, verschwindet die dem Menschen zugesprochene Würde hinter Nützlichkeitserwägungen, seien es finanzielle Kalkulationen, Effektivitätsüberlegungen oder andere als Sachzwang empfundene Umstände. Ob das gegenüber solchen Erwägungen sperrige Menschenwürdekriterium gerade unter Bedingungen materieller Knappheit zu seinem Recht kommt, muss grundsätzlich als Indikator für die Humanität einer Gesellschaft gesehen werden. Erst recht verdient dieses Kriterium zentrale Aufmerksamkeit in einer Gesellschaft wie der unsrigen, in der, verglichen mit der Welt insgesamt, Überfluss herrscht und Mittel genug vorhanden sind, um jedem Menschen die notwendige Hilfe und Aufmerksamkeit zu geben. Wer sich der mit dem Bekenntnis zur Gottebenbildlichkeit des Menschen verbundenen Verpflichtung zur Solidarität verweigert, stellt sich in klaren Gegensatz zur christlichen Überlieferung.

(63) Es kann zu den wesentlichen Charakteristika der biblischen Tradition gerechnet werden, dass Gott in seinem Mitgehen mit seinem Volk durch die Geschichte immer wieder an diese Verpflichtung zur Humanität erinnert. Gottesbeziehung und die Beziehung zu den Mitmenschen sind untrennbar miteinander verbunden. Immer wenn sich der religiöse Kult von der Verpflichtung zur Mitmenschlichkeit ablöst, bringen die biblischen Texte Gottes leidenschaftlichen Widerspruch zum Ausdruck. »Ich bin euren Feiertagen gram und verachte sie« – heißt es beim Propheten Amos – »und mag eure Versammlungen nicht riechen. Und wenn ihr mir auch Brandopfer und Speisopfer opfert, so habe ich kein Ge-

fallen daran und mag auch eure fetten Dankopfer nicht an-
sehen. Tu weg von mir das Geplärr deiner Lieder; denn ich
mag dein Harfenspiel nicht hören! Es ströme aber das Recht
wie Wasser und die Gerechtigkeit wie ein nie versiegender
Bach« (Amos 5,21–24). Gerade da, wo die Menschen besonders verletzlich sind, wie etwa in Situationen körperlicher Ge-
brechlichkeit oder Krankheit an Leib oder Seele oder auch in
Situationen materieller Armut, dürfen sie auf Gottes Beistand
hoffen. Dem soll dann aber auch der Umgang mit anderen
Menschen entsprechen. Wo Menschen anderen Menschen
den menschenmöglichen Beistand verweigern, handeln sie
deswegen letztlich gottlos.

(64) Die Verpflichtung zu Solidarität und Mitmenschlichkeit, die den in der Bibel vielfach beschriebenen Bund Gottes
mit den Menschen kennzeichnet, wird nicht als von außen
aufgezwungenes und autoritär befohlenes Moralgesetz eingeführt. Sie wird vielmehr als Konsequenz der eigenen ge-
schichtlichen Befreiungserfahrung interpretiert und plausibel
gemacht: Wie Gott sein Volk aus der Bedrängnis der Sklaverei
in Ägypten herausgeführt hat, so soll die Gemeinschaft nun
auch ihren Mitmenschen in Bedrängnis beistehen. Nicht der
Befehl eines autoritären Gottes oder der moralische Appell ist
die Grundlage für die biblische Ethik, sondern die Aufforde-
rung zur Einfühlung in den anderen: »Die Fremdlinge sollt
ihr nicht unterdrücken; denn ihr wisset um der Fremdlinge
Herz, weil ihr auch Fremdlinge in Ägyptenland gewesen seid«
(Ex 23,9). Ethisches Handeln gründet in der reflektierten
Wahrnehmung der eigenen Existenz in Beziehung zu Gott
und den Mitmenschen.

(65) Das Liebesgebot, das als Summe aller jüdisch-christlichen Ethik gesehen werden kann, trifft genau den Kern dieser Einsicht. Martin Buber hat es treffend so übersetzt: »Liebe deinen Nächsten, denn er ist wie du.« Im Neuen Testament finden wir aus dem Munde Jesu die sogenannte »Goldene Regel«: »Alles, was ihr wollt, dass euch die Leute tun sollen, das tut ihnen auch. Das ist das Gesetz und die Propheten« (Mt 7,12). Die Goldene Regel bringt die Ethik der Einfühlung auf den Punkt, die die gesamte Bibel durchzieht. Wer die eigenen Leidenserfahrungen reflektiert und bereit ist, sich auch in den anderen einzufühlen, der weiß, wie er ihm gegenüber zu handeln hat. Die neutestamentliche Ethik kann also als wohlüberlegte Verbindung eines Aufrufs zum Leben als Christ und dem Bemühen um Plausibilisierung für alle Menschen guten Willens verstanden werden.

(66) Die darin zentrale »vorrangige Option für die Armen«, so das ökumenische Sozialwort von 1997, wird als unverzichtbare Dimension der Gottesbeziehung geschildert, die Altes und Neues Testament miteinander verbindet. Im Neuen Testament wird das Auftreten Jesu als Erfüllung der alttestamentlichen Verheißung Gottes an die Armen gedeutet (Lk 4,18–21). Im Gleichnis vom Weltgericht werden die Hungrigen, die Durstigen, die Fremden, die Nackten, die Kranken und die Gefangenen unmittelbar mit Christus selbst identifiziert (Mt 25,31–46). Auf die Frage Johannes des Täufers, ob Jesus der Messias sei, lässt Jesus ausrichten: »Blinde sehen, Lahme gehen, Aussätzige werden rein und Taube hören, Tote stehen auf und den Armen wird das Evangelium gepredigt« (Mt 11,5). Paulus deutet Jesu Tod am Kreuz als Zeichen dafür, dass Gott gerade das vor der Welt Geringe, das Schwache, das »Nicht-Seiende« erwählt hat (1. Kor 1,27f).

(67) Sosehr Pflege und Heilung kranker Menschen Konsequenzen des christlichen Liebesgebots sind, so notwendig ist es auch, die menschliche Endlichkeit anzunehmen. Die Versuchung, die Endlichkeit mit allen Mitteln überwinden zu wollen, scheint die Menschheit von Anfang an begleitet zu haben. In der biblischen Urgeschichte wird erzählt, wie Adam und Eva sich über Gottes Verbot hinwegsetzen und von dem Baum der Erkenntnis essen. Nachdem das geschehen ist, sagt Gott: »Nun aber, dass der Mensch nur nicht ausstrecke seine Hand und breche auch von dem Baum des Lebens und esse und lebe ewiglich.« Es kann als Akt der Liebe Gottes verstanden werden, wenn Gott den Menschen davor bewahrt, dieser Versuchung zu erliegen: Gott weist den Menschen aus dem Garten Eden und stellt die Cherubim vor den Eingang, »zu bewachen den Weg zu dem Baum des Lebens« (1. Mose 3,24). Die Weisheit, die in diesen Sätzen liegt, ist verblüffend aktuell: Wo der Mensch krampfhaft versucht, seine Endlichkeit zu überwinden, und dabei jedes Mittel anwendet, da verfehlt er das gelingende Leben, das Gott ihm zugedacht hat. Deswegen gilt es, wachsam zu sein, wenn heute der Segen des Heilens in sein Gegenteil verkehrt wird. Die Achtung vor der Würde des Menschen kann sich sowohl darin zeigen, dass Heilungsmöglichkeiten genutzt werden, als auch darin, dass Endlichkeit angenommen wird, wenn der Kampf gegen die Krankheit eine Eigendynamik entwickelt, die das menschengerechte Maß nicht mehr wahrt.

(68) Die Heilung von Krankheiten spielt in den neutestamentlichen Texten, die von Jesu Verkündigung des Reiches Gottes berichten, eine zentrale Rolle. Jesus verkündet in der Ansage des Reiches Gottes das Heil. Viele Geschichten von Jesu Wirken zeigen, dass mit dem in Christus anbrechenden

Heil auch Erfahrungen der Heilung verbunden sein können, die das Heil körperlich und seelisch zeichenhaft sichtbar werden lassen. Sowenig Glaube mit körperlicher Heilung untrennbar verknüpft werden kann, so sehr dürfen Erfahrungen körperlicher und seelischer Heilung als Wirken Gottes interpretiert und dankbar angenommen werden. In den Geschichten von Jesu Heilung sind die Heilungen häufig auch mit der Erfahrung wiedergewonnener Gemeinschaft verbunden. Die Pflege und Behandlung kranker Menschen und die Assistenz für behinderte Menschen können deshalb Zeugnis der christlichen Hoffnung auf das Reich Gottes sein.

(69) Es ist kein Zufall, dass in den Texten, die von der vorrangigen Option Gottes für die Armen sprechen, immer auch die Kranken eine besondere Rolle spielen. In der Entstehungszeit der Texte war das Kranksein eines der größten Hindernisse für soziale Teilhabe. Kranksein führte schnell zum Ausschluss aus der Gemeinschaft. Nicht zuletzt als Konsequenz christlicher Hilfskultur, wie wir sie heute in Diakonie und Caritas institutionell verankert finden, hat sich das Bild von Krankheit im Lauf der Geschichte verändert. Krankheit führt heute nicht per se zur Marginalisierung. Die seit biblischen Zeiten kontinuierlich geübte Praxis der Sorge für die Nächsten, vor allem für die Schwachen, Kranken und Menschen mit Behinderung, hat dem heute so wichtigen Grundgedanken unseres Gemeinwesens, dass ein jeder Mensch Träger einer unveräußerlichen Würde ist, kräftig zugearbeitet.

(70) Auch wenn der damit verbundene Humanitätsgewinn dankbar registriert werden kann, sind langwierige und schwere Krankheiten und Behinderungen auch heute mit dem Risiko des sozialen Ausschlusses verbunden. Schwere seelische

und körperliche Krankheiten führen dazu, dass Menschen ihren Arbeitsplatz verlieren oder sogar dauerhaft erwerbsunfähig werden und damit Einkommensverluste und Einschränkungen in der gesellschaftlichen Teilhabe erleiden. Damit ist ein Kernaspekt von Gerechtigkeit berührt. In der ökumenischen Sozialethik hat sich in dieser Hinsicht das Konzept der Teilhabe- oder Beteiligungsgerechtigkeit entwickelt. »Es zielt wesentlich auf eine möglichst umfassende Integration aller Gesellschaftsglieder. Niemand darf von den grundlegenden Möglichkeiten zum Leben, weder materiell noch im Blick auf die Chancen einer eigenständigen Lebensführung, ausgeschlossen werden« (Rat der EKD, Gerechte Teilhabe, Ziffer 60). Auch wenn im Falle von Krankheit oder Behinderung die Einschränkung der Lebensmöglichkeiten in der Regel nicht beseitigt, sondern nur begrenzt werden kann, so stellt sich doch umso mehr die Aufgabe, die Hindernisse für die soziale Teilhabe kranker oder behinderter Menschen so weit wie möglich zu beseitigen.

(71) Der Einsatz für solche soziale Teilhabe kann als ein Ausdruck der Freiheit eines Christenmenschen verstanden werden. Das spezifische christliche Verständnis von Freiheit »kommt in der engen, unauflöslichen Beziehung von Freiheit und Bindung, Freiheit und Dienst zum Ausdruck: Frei ist derjenige Mensch, der sich in Bindung an Gott zum Dienst an den anderen als befreit erleben kann. Freiheit ist nicht auf die Wahlfreiheit des Individuums zu reduzieren, sondern als ›kommunikative Freiheit‹ in Verantwortung vor Gott wie vor den anvertrauten Menschen zu verstehen« (Rat der EKD, Unternehmerisches Handeln in evangelischer Perspektive, Ziffer 31). Gerade Kranke sind darauf angewiesen, dass die Mitmenschen ihre Freiheit nicht als Alternative zum Einsatz

für den Nächsten, sondern als Grundlage für einen solchen Einsatz verstehen.

(72) Heute ist neu darauf hinzuweisen, dass menschliche Begleitung Kranker und materielle Absicherung gegen die Krankheitsrisiken zu den wesentlichsten Ausdrucksformen von Humanität in einer Gesellschaft gehören. Sowohl der Empathie und Hilfsbereitschaft der einzelnen Menschen als auch sozialstaatlicher Daseinsvorsorge kommen dabei zentrale Bedeutung zu. Zivilgesellschaftliches Engagement und staatlich garantierte Absicherung gegen Risiken gehen Hand in Hand. Keines davon darf schlechtgeredet werden. Deswegen darf auch die Ermutigung zur Eigenverantwortung nicht gegen staatlich organisierte Solidarität ausgespielt werden. Das gilt umso mehr dann, wenn die Möglichkeit, Eigenverantwortung wahrzunehmen, durch Krankheit und Behinderung oder durch materielle Armut minimiert oder unmöglich gemacht ist.

(73) Staatlich organisierte Solidarität kann Barmherzigkeit als persönliche Haltung nicht ersetzen. Die in personalen Akten der Zuwendung zum Ausdruck kommende menschliche Nähe ist durch institutionelle Settings nicht abbildbar. Genauso gilt aber: Es bedarf solcher institutionellen Formen, um Solidarität verlässlich zu machen. Wenn demokratische Gesellschaften sich durch entsprechende Sozialgesetzgebung zur Solidarität verpflichten und damit auch ihren Bürgerinnen und Bürgern entsprechende Solidaritätsbeiträge abverlangen, dann kann das als Ausdrucksform von Freiheit verstanden werden. Ein Gesellschaftsvertrag, in dem Freiheit und Solidarität als wechselseitig aufeinander bezogene Größen verstanden werden, kann sich mit guten Gründen auf die christliche Tradition berufen.

(74) Damit der Staat seine Solidaritätsaufgabe wahrnehmen kann, ist er auf die Bereitschaft seiner Bürger angewiesen, durch die je vorhandenen Möglichkeiten entsprechenden Steuerzahlungen zum sozialen Ausgleich beizutragen. Solcher soziale Ausgleich ist letztlich im Interesse aller, auch der gut Situierten. Sehr breit angelegte neuere sozialwissenschaftliche Vergleichsstudien[6] haben gezeigt, was auch eine christliche Ethik, die über die gesellschaftlichen Konsequenzen der Gleichheit der Menschen vor Gott nachdenkt, bewegt: Wenn Nationen einen vergleichbaren Wohlstand produzieren, aber das eine Mal Einkommen und Vermögen sehr unterschiedlich, das andere Mal recht gleichmäßig verteilt sind, sind die Menschen der von mehr Gleichheit geprägten Gesellschaft im Durchschnitt glücklicher, gesünder, gebildeter und weniger von Kriminalität betroffen als in der Gesellschaft mit großen Vermögensunterschieden. Nur auf den ersten Blick ist erstaunlich, dass dieses Resultat nicht nur für die weniger Begünstigten, sondern für alle gilt, also auch für die, die in der sogenannten sozialen Hierarchie oben stehen. Zwar lassen sich urmenschliche Faktoren wie Neid und Streitsucht nie völlig ausschließen. Aber das Gefühl, sich durch ständigen Vergleich entweder nach oben oder unten aggressiv abgrenzen zu müssen, scheint signifikant in einer eher egalitären Gesellschaft nachzulassen.

(75) Ergebnisse von Studien zeigen, dass die Zufriedenheit der Bevölkerung in Gesellschaften, die auch auf Gleichheit und nicht nur auf individuelles Wohlergehen oder auf Eigen-

6. Vgl. R. Wilkinson, K. Pickett, Gleichheit ist Glück. Warum gerechte Gesellschaften für alle besser sind. Berlin 2009; A. Pacek, B. Radcliff, Assessing the Welfare State. The Politics of Happiness, in: Perspectives on Politics (2008), 6: 267-277.

verantwortung achten, weit höher ist als in Gesellschaften mit hoher Ungleichheit. Sie sind für die evangelische Sozialethik von hoher Bedeutung. Diese Resultate sind wichtig, wenn es darum geht, nach den ethischen Kriterien einer gerechten und humanen Gesundheitspolitik zu fragen. Sie sind entscheidend, weil sie zeigen: Trotz aller Konfliktbeladenheit menschlichen Lebens haben sehr viele Menschen ein elementares Interesse an Gemeinschaft, wechselseitigen Solidaritätsbindungen sowie an Unterstützung von Schwächeren. Diese teils auf Wechselseitigkeit, teils auf Hilfe zielenden Bindungen auf ganz unterschiedlichen Ebenen – von Familien, Vereinen, zwischen Generationen und Belegschaften eines Betriebes hin zu neuen Formen von Internet-Communities – kreieren und fördern eines der wichtigsten Güter, das Menschen suchen und benötigen: Respekt und wechselseitige Anerkennung. Ohne Respekt voreinander, ohne geschenkte und ohne gegebene Anerkennung kann menschliches Leben nicht funktionieren. Respekt und wechselseitige Anerkennung entsprechen der grundlegenden Würde jedes und jeder Einzelnen und müssen deshalb auch im Mittelpunkt des sozialen Miteinanders wie des Wirtschaftens stehen. Mit dem Wunsch nach Respekt und Anerkennung auch jenseits ihrer Leistungen und Leistungsfähigkeit bringen Menschen zum Ausdruck, dass für sie die Suche nach Lebenssinn mit dem Glück und der Sicherung elementarer Bedürfnisse anderer Menschen vereinbar ist, ja, dass der Respekt vor anderen und die wechselseitige Anerkennung zum Lebensglück gehören.

(76) Niemand sollte deshalb davon ausgehen, dass Gerechtigkeit, Solidarität und Unterstützung für Schwache oder Benachteiligte nur dem Zweck dienten, die Gesellschaft zu stabilisieren oder ein besseres Bruttosozialprodukt zu erzielen. Diese Effekte mögen auch zutreffen. Wichtiger ist aber,

dass es für viele ein Grundbedürfnis ist und dass sie es insgesamt sehr schätzen, wenn es der Gesellschaft, in der sie leben, nicht egal ist, wie es denen geht, die besonderen Lebensrisiken ausgesetzt sind. Studien zum freiwilligen Engagement, zu Entwicklung von Familien und Bürgergesellschaft zeigen, dass ganz entgegen mancher Inszenierung von Teilen der Medien oder der Politik ein Großteil der Bürger weiterhin ein hohes Maß an ehrenamtlichem Engagement pflegt, sich um kranke Angehörige kümmert, Steuern zahlen will und auch die solidarische Krankenversicherung im Prinzip für ein im Vergleich zu Alternativmodellen sehr gutes Gesundheitssystem erachtet. Bürgerinnen und Bürger zweifeln allerdings oft daran, dass die jeweils gute Grundidee angemessen umgesetzt wird. Eine grundsätzliche Bereitschaft zur Solidarität wird mit dieser oftmals berechtigten Kritik aber nicht in Frage gestellt. Diese hohe Sympathie für solidarische Bindungen, die die evangelische Kirche aus den oben genannten Kriterien ihrer eigenen Sozialethik heraus engagiert unterstützt, gilt auch für die Jugend. Keineswegs ist sie allein an egoistischer Selbstverwirklichung und Spaßmaximierung orientiert. Studien zeigen vielmehr ein starkes Interesse Jugendlicher an – allerdings – bisweilen neuen Formen von Solidarität. Diese sind oft kürzer und stärker projektorientiert, aber keineswegs weniger intensiv als traditionelle Formen des ehrenamtlichen Engagements. Die einhellige Botschaft verschiedener Jugendsurveys lautet: Wer das Klagelied auf die Jugend singt, missachtet entgegen der Datenlage deren Engagement, verbaut sich den Zugang zur Zukunft und lenkt möglicherweise von eigener Phantasielosigkeit, Solidaritäten neu zu leben, ab. Jedenfalls gibt es keinen substanziellen Anlass zur Sorge, mit der Einstellung der heutigen jüngeren Menschen verlöre der Wunsch nach einer solidarischen Gesellschaft seine Grundlage.

(77) Ermutigend sind die vielfachen Belege für den nachhaltig wichtigen Zusammenhang zwischen Solidarität und gesellschaftlichem Wohlergehen auch deshalb, weil sie zeigen: Solidarität, der Wunsch nach Begrenzung von Ungleichheit in einer Gesellschaft und Unterstützungsbereitschaft für Menschen mit besonderen Risikolagen schwächen keineswegs Eigenverantwortung und Eigeninitiative in einer Gesellschaft. Im Gegenteil: Gerade die seit Jahrzehnten ökonomisch prosperierenden skandinavischen Länder ziehen einen beträchtlichen Teil ihres Erfolges daraus, dass sie die genannten Werte und Güter vertreten. Gestritten werden darf allerdings darüber, wie die sozialstaatlichen Ausgaben verteilt werden. Deshalb kommt alles darauf an, wie diese Mittel so eingesetzt werden können, dass gesellschaftliche Teilhabe auf breiter Basis ermöglicht wird. Hier ist in Richtung auf Befähigung, Bildung und Beteiligung noch viel Kreativität zu entwickeln und vor allem umzusetzen. Denn es liegen schon sehr viele sehr gute Vorschläge – beispielsweise in der Gestaltung des Generationenverhältnisses – vor, aber es mangelt noch häufig an der Umsetzung. Insgesamt besteht kein Zweifel daran, dass Wohlfahrtsstaatlichkeit mit der ihr innewohnenden Tendenz zu Solidarität und zu mehr als weniger Gleichheit als freiheitsförderlich und keineswegs freiheitshinderlich erachtet und genau deshalb im Grundsatz von vielen als ein hohes Kulturgut wertgeschätzt wird. Umgekehrt zeigt sich, dass mit wachsender ökonomischer und sozialer Ungleichheit in einer Gesellschaft Gewaltbereitschaft und Kriminalität, Probleme von Jugendlichen und in Familien zunehmen, während das Engagement und die gesellschaftliche Bindung abnehmen.

(78) Gesundheit ist nicht alles, aber vieles ist ohne sie schwierig. In Krankheit kann die eigene Welt aus den Fugen ge-

raten. Schmerz, körperliche oder seelische Einschränkungen hindern daran, eigene und fremde Erwartungen zu erfüllen. Der Ausschluss aus dem Gewohnten wie persönlichen Beziehungen, aber auch aus beruflichen Routinen droht, wenn eine Krankheit chronisch wird, wie es immer häufiger der Fall ist. Dabei ist durchaus umstritten, was genau die Begriffe »Gesundheit« und »Krankheit« meinen und wie ihr Verhältnis zueinander zu bestimmen ist. Die wegen ihres utopischen und allumfassenden Anspruchs viel kritisierte Definition der Weltgesundheitsorganisation WHO (»Gesundheit ist der Zustand vollständigen körperlichen, seelischen, geistigen Wohlbefindens«) hat doch ihr Gutes. Sie sagt nämlich auch: Gesundheit ist mehr als die Abwesenheit von Krankheit. Gesundheit und Krankheit sind also weder einfach Zustände, die unabhängig voneinander sich komplett ausschließen, noch zwei Pole eines Kontinuums. Wenn vielmehr Gesundheit die Fähigkeit ist, mit den eigenen körperlichen und seelischen Begrenzungen überwiegend konstruktiv umgehen zu können (D. Rössler), dann können kranke, gebrechliche oder körperlich eingeschränkte Menschen jedenfalls zu einem gewissen Grade gesund sein. Gesundheit und Krankheit sind dann bisweilen auf verschiedenen Ebenen angesiedelt und können vieldimensional gestärkt oder geschwächt werden.

(79) Viele Faktoren tragen folglich dazu bei, wie gesund und wie krank ein Mensch ist und sich fühlt: biologische, soziale und Umweltbedingungen, Ernährung, Einstellung und Verhalten. Das wiederum heißt: Gesundheit wird nicht nur durch das Gesundheitssystem hergestellt und bewahrt. Die größten Gewinne an Lebenszeit und Lebensqualität hat die Menschheit in den letzten 150 Jahren eher durch Hygienemaßnahmen, Arbeitsschutz, Bildung und Ernährung er-

reicht. Diese Einsichten mindern keineswegs die erheblichen Fortschritte in der Medizin, ordnen sie aber in ein größeres Ganzes ein.

(80) In den letzten Jahrzehnten haben sich als menschenrechtliche und moralische Ansprüche das Recht auf Gesundheit und das Recht auf Gesundheitsversorgung etabliert. Wenn von einem Recht auf Gesundheit die Rede ist, meint dies selbstverständlich nicht, dass man eine Gesundheit im rechtlichen Sinne als subjektives Recht einklagen könne (vgl. dazu auch spätere rechtliche Kriterien). Vielmehr soll damit das Bündel an sozialen Maßnahmen, die ein Leben in Gesundheit im oben beschriebenen Sinne ermöglichen und die über die medizinische Versorgung hinausreichen, als Bedingung für ein menschenwürdiges Leben in Erinnerung gerufen werden. Aber jenseits dieser Maßnahmen besitzt nach zahlreichen Deklarationen der UN und der WHO auch das Recht auf eine angemessene Gesundheitsversorgung seine dringliche Notwendigkeit. Denn in akuten Notsituationen wie chronischen Störungen des Leibes können nur die Medizin und ärztliches Handeln Schlimmeres verhindern. Der Einzelne ist finanziell wie von seinen persönlichen Kompetenzen dann oft überfordert, seine Gesundheit allein wiederherzustellen oder mit seinen Einschränkungen konstruktiv umgehen zu können.

(81) Was unter einer angemessenen Gesundheitsversorgung zu verstehen ist, wird politisch, ethisch und rechtlich heftig debattiert (vgl. die rechtlichen Kapitel). Wenn eine staatlich garantierte Gesundheitsversorgung zumindest einen Beitrag zu einem menschenwürdigen Leben leisten soll, dann kann sie nicht zu gering ausfallen. Mit ihr soll ja das soziokulturelle

Existenzminimum gesichert werden. Es wäre jedoch für ein so reiches Land, wie es Deutschland immer noch ist, beschämend, wenn sich die gesellschaftliche Mehrheitsmeinung auf dieses niedrige Maß der Gesundheitsversorgung beschränken würde. Vielmehr sind die oben erwähnten starken Einstellungen zu wechselseitiger Anerkennung, Gerechtigkeit, Solidarität und zur Unterstützung von Schwächeren zu beachten, um eine – wie es im für die Krankenversicherung zuständigen Sozialgesetzbuch V heißt – »humane Gesundheitsversorgung« (§ 70 SGB V) auf Dauer für alle bereitzustellen.

(82) Ein Gesundheitssystem, das die mit der »vorrangigen Option für die Armen« verbundenen Orientierungen ernst nimmt, wird diejenigen unter den Hilfsbedürftigen besonders im Blick behalten, die aufgrund ihrer Situation dem Risiko des sozialen und ökonomischen Ausschlusses ausgesetzt sind: schwerwiegend chronisch Kranke, Pflegebedürftige, Menschen mit Behinderung und materiell Arme. Aber auch unter den Helfenden gibt es Gruppen, die aufgrund ihrer besonderen Belastungssituation auf Anwaltschaft angewiesen sind. Handlungsbedarf besteht auch da, wo, etwa in der Pflege, Höchstleistungen erbracht werden, ohne dass sie angemessen entlohnt werden. Neben der angemessenen Entlohnung verdienen gerade die Berufsgruppen im Gesundheitswesen, die sich häufig unter Extrembelastung kranken Menschen zuwenden, Arbeitsbedingungen, die ihnen die notwendige Regeneration ermöglichen und sie damit vor Burnout schützen. Nur wenn Pflegeberufe solchermaßen angemessene Arbeitsbedingungen bieten, werden sich auch so viele Menschen diesen Berufen zuwenden, dass eine gute Versorgung in der Zukunft gesichert werden kann.

(83) Wenn der Appell zur Mitmenschlichkeit konkrete Konsequenzen für das Gesundheitswesen haben soll, dann muss das Verhältnis zwischen medizinischer Versorgung des Körpers und menschlicher Zuwendung neu definiert werden. Die aus wirtschaftlichen Gesichtspunkten heraus entstandene Verdichtung der Arbeitsabläufe im medizinischen Bereich hat dazu geführt, dass in Arztpraxen und Kliniken immer weniger Zeit für das persönliche Gespräch bleibt. Es ist an der Zeit, einen neuen gesellschaftlichen Konsens dafür zu entwickeln, dass dieses zunehmende Missverhältnis überwunden wird. Im Arzt-Patient-Verhältnis ebenso wie in den Arbeitsabläufen der Pflegekräfte und anderer Mitarbeitenden muss der Stellenwert der Beziehungszeit gestärkt und diese Stärkung auch ökonomisch gewollt werden.

(84) Die Gesundheitsversorgung wird aus pragmatischen und kulturellen Gründen primär im Nationalstaat gewährt. Mit dieser Fokussierung dürfen die großen Probleme der Weltgesundheit nicht außer Acht gelassen werden. Auch der christliche Glaube spricht von seinem ureigensten Verständnis alle Menschen an. Die ausschließliche Konzentration auf die Wohlfahrt einer einzigen Nation lässt sich, auch in Fragen der Gesundheit, mit ihm nicht vereinbaren. Umgekehrt dürfen die Probleme im eigenen Land nicht mit dem Hinweis auf andere, möglicherweise noch größere Herausforderungen geleugnet werden. Deshalb bleibt es legitim und wichtig, gesellschaftliche Weichenstellung im Umgang mit Gesundheit und bei der Gesundheitsversorgung in Deutschland zu diskutieren. Gleichzeitig muss auch im Gesundheitswesen die Herausforderung der Gerechtigkeit in der einen Welt im Blick bleiben. Die Tatsache, dass in vielen Ländern mit einfachsten medizinischen Mitteln Menschenleben gerettet werden kön-

nen, während hierzulande immense Ressourcen in die Hochleistungsmedizin gesteckt werden, muss als kritischer Stachel im Blick bleiben, auch wenn sie nicht zur Preisgabe der Qualität unseres Gesundheitswesens führen kann.

B.III. Andere sozialethisch bedeutsame Kriterien

B.III.1. Rechtliche Kriterien

(85) In der Tradition des christlichen Glaubens und der Philosophie der Aufklärung wird die Menschenwürde in unserer Rechtsordnung als unbedingter und unveräußerlicher rechtlicher Eigenwert jedes Menschen angesehen. Die *Achtung der Menschenwürde* durch den Staat bedeutet die volle Anerkennung der Rechtssubjektivität jedes Menschen in jeder Situation und das Verbot, Menschen zu bloßen Objekten des Staates zu machen. Der Schutz der Menschenwürde durch den Staat gibt diesem auf, die Würde jedes einzelnen Menschen in der Rechtsordnung gegen Bedrohungen aus der Gesellschaft zu schützen. Die Verpflichtung aller staatlichen Gewalt zu Achtung und Schutz der Menschenwürde (Art. 1 GG) und die Identität der Bundesrepublik Deutschland als sozialer, demokratischer und föderaler Rechtsstaat (Art. 20 und 23 GG) sind im Grundgesetz unwiderruflich verankert und auch in der Europäischen Integration zu wahren. Aber auch die Charta der Grundrechte der Europäischen Union und die Allgemeine Erklärung der Menschenrechte sowie die Behindertenrechtskonvention der Vereinten Nationen bauen wie das Grundgesetz auf der Menschenwürde auf. Die Charta der Grundrechte der EU konkretisiert die Menschenwürde für den Bereich der Medizin und Gesundheit (Art. 3). Aus der Würde des Men-

schen folgt das Verbot, Menschen ohne ihre Einwilligung zum Objekt von medizinischer Forschung und Behandlung zu machen, auch wenn sie selbst nicht zur Einwilligung fähig sind und falls andere davon Nutzen haben sollten.

(86) Aus der Würde des Menschen folgt auch die *Gewährleistung des Existenzminimums* durch den sozialen Rechtsstaat. Zum Existenzminimum gehört der Zugang zur notwendigen gesundheitlichen, medizinischen und pflegerischen Versorgung. In Deutschland soll dies durch Krankenversicherung, Pflegeversicherung und Sozialhilfe gewährleistet werden. Ob dieses Ziel erreicht wird, muss ständig überprüft werden. Fragwürdig ist beispielsweise, ob das rechtlich reduzierte Minimum der gesundheitlichen Versorgung für Asylbewerber und Flüchtlinge nach dem Asylbewerberleistungsgesetz angemessen ist. Der Zugang zur Kranken- und Pflegeversicherung ist für die meisten Bedürftigen gewährleistet, die notwendige Versorgung nicht in jedem Fall. Zuzahlungen und Leistungsausgrenzungen in der Krankenversicherung und die Teilsicherung bei Pflege erfordern zusätzliche Sicherung. Vor allem behinderte und chronisch kranke Menschen, die aufgrund ihrer beruflichen Einschränkungen oft ökonomisch schwach sind, haben es sehr schwer, gesundheitlich bedingte Bedarfe aus dem Regelsatz der Grundsicherung zu bestreiten. Dazu kommt, dass gerade schwache und schutzbedürftige Menschen ihre Rechte oft nicht einfordern. Zudem sind sie in einem ökonomisierten Gesundheitssystem eben keine privilegierte Zielgruppe wettbewerbsorientierter Krankenkassen und Leistungserbringer.

(87) Die *Gleichheitsrechte* des Art. 3 GG schützen vor ungerechtfertigter Ungleichbehandlung bei Eingriffen und bei

Leistungen in öffentlicher Verantwortung. Sie sind darum auch Kriterien für die Gestaltung des Zugangs zur sozialen Sicherheit und ihren Leistungen. Differenzierungen wegen Religion und Weltanschauung, Rasse und ethnischer Herkunft sowie Geschlecht sind verboten. Die Charta der Grundrechte der EU nennt zu Recht auch die genetischen Merkmale, die Zugehörigkeit zu einer nationalen Minderheit, das Vermögen, die sexuelle Orientierung und das Alter als verbotene Differenzierungsmerkmale (Art. 21). Generell gilt: Je weniger die Betroffenen ein Merkmal ändern können und je wichtiger es für ihre Persönlichkeit ist, desto weniger darf es zu einer Ungleichbehandlung herangezogen werden.

(88) Die staatliche und öffentliche Verantwortung für das Gesundheitswesen, die in Deutschland ausgeprägt ist, wird auch durch die *Sozialstaatlichkeit* begründet. Der soziale Staat fördert und organisiert die gesellschaftliche Integration, Inklusion und Teilhabe aller. Das bedeutet auch, auf die ganz unterschiedliche gesundheitliche Lage der Menschen Rücksicht zu nehmen und sie in Bezug auf ihre Gesundheit rechtlich handlungsfähig zu machen. Schutz und, wo nötig, Wiederherstellung der Gesundheit, Teilhabe aller trotz gesundheitlicher Beeinträchtigung und der Zugang aller zu Gesundheitsleistungen müssen durch das Rechtssystem unterstützt werden. Die Erhebung von Steuern und Beiträgen in den sozialen Sicherungssystemen dient dazu, diese Ziele zu erreichen. Eigentum verpflichtet.

(89) Ein soziales Gesundheitswesen ist aber in der deutschen Tradition keine rein staatliche Angelegenheit, sondern wird von verschiedenen gesellschaftlichen Akteuren nach Kriterien öffentlicher Verantwortung gestaltet. Unterschiedliche Or-

ganisationen und Verbände sollen dabei eigene Gestaltungsmöglichkeiten nutzen. Hierzu gehören auch die *berufliche
Selbstverwaltung* in Kammern, die *soziale Selbstverwaltung* in
der Sozialversicherung und mit den Leistungserbringern des
Gesundheitswesens, die Universitäten und Forschungsins-
titute als Orte freier Wissenschaft, die *Freie Wohlfahrtspflege*
wie Diakonie und Caritas und die anderen Trägerverbände
bürgerschaftlichen Engagements wie der Selbsthilfe. Alle
diese für das Gesundheitswesen wichtigen Körperschaften
und Vereinigungen verstehen Patienten und Versicherte traditionell nicht zuerst als Teilnehmerinnen und Teilnehmer
an Märkten, sondern als verantwortliche Bürgerinnen und
Bürger. Das deutsche Sozialversicherungssystem verknüpft
den verpflichtenden Schutz der Bürgerinnen und Bürger mit
Gestaltungs- und Wahlrechten, ohne die Menschen an Interessen der Finanzwirtschaft auszuliefern. Darin liegt ihr Ge-
winn an Freiheit im Vergleich zu staatlicher Fürsorge wie zur
Privatversicherung.

(90) Das geltende Sozialrecht begrenzt die Leistungsansprü-
che auf Krankenbehandlung, Pflege und Leistungen zur Teilhabe regelmäßig auf die wirksamen, *notwendigen, wirtschaftlichen Leistungen* (§ 2 Abs. 1 SGB V). Die Konkretisierung
ist den Sozialleistungsträgern und Leistungserbringern auf-
gegeben, die hierzu Richtlinien und Verträge zu beschließen
haben. Dabei haben sie den Stand der Wissenschaften über
Wirksamkeit und Nutzen zu beachten (§ 2 Abs. 3 SGB V).
Im Sinne von Selbstbestimmung und Qualitätssicherung ist
den Patienten, pflegebedürftigen und behinderten Menschen
individuell und kollektiv Einfluss auf die Konkretisierung der
Leistungsinhalte zu geben. Einer solchen Bestimmung des
Notwendigen durch die beteiligten Interessen und nach fach-

lichen Kriterien ist Vorrang vor einem staatlichen Leistungskatalog oder einer reinen Marktsteuerung zu geben. Bei jedem Verfahren, das Notwendige zu bestimmen, ist der Schutz
der Minderheiten und Schwachen besonders zu sichern.

(91) Auch Städte, Länder und Gemeinden sind verfassungs-
rechtlich garantierte und wichtige Gestaltungskräfte für das
Gesundheitswesen, so in der Krankenhausplanung, beim
öffentlichen Gesundheitsdienst oder bei der Gestaltung der
Infrastruktur für Teilhabe und Pflege behinderter Menschen.
Die *Gestaltungskraft der Länder und Gemeinden* bedarf der angemessenen finanziellen Ausstattung. Im sozialen Bundesstaat
muss kommunale und regionale Daseinsvorsorge in öffentlicher Verantwortung erhalten werden. Nicht nur eine zurück-
haltende staatliche Regulierung, sondern auch der Schutz vor
gesellschaftlicher und wirtschaftlicher Macht durch staatliche
Regulierung ist geboten.

(92) Die Europäische Union hat einen Binnenmarkt geschaffen, der auch Waren und Dienste des Gesundheitswesens um-
fasst. Die *Regeln des Binnenmarkts und Wettbewerbs in Europa*
müssen beachtet werden. Immer wieder umstritten ist aber,
in welchem Umfang das Europäische Recht zwingen kann,
einen nationalen Markt nicht nur zu öffnen, sondern auch
in Bereichen erst zu schaffen, die bisher nicht als Markt gestaltet waren. Die Gesundheitspolitik (Art. 168 AEUV) und
die Sozialpolitik sind auch unter dem Vertrag von Lissabon
vor allem Gegenstand der demokratischen nationalen Ge-
setzgebung. Markt- und Wettbewerbsrecht müssen die Be-
sonderheiten der Dienste von allgemeinem wirtschaftlichen
Interesse (Daseinsvorsorge) respektieren (Art. 14 AEUV).
Die Rechte auf Zugang zu Leistungen der sozialen Sicher-

heit und zu den sozialen Diensten in Fällen wie Mutterschaft, Krankheit, Arbeitsunfall, Pflegebedürftigkeit oder im Alter sowie auf Zugang zur Gesundheitsvorsorge und ärztlichen Versorgung haben in allen europäischen Staaten hohen Rang und werden entsprechend in der Charta der Grundrechte der EU ausdrücklich als soziale Solidaritätsrechte respektiert (Art. 34 und 35).

(93) Eine europaweite berufliche Freizügigkeit auch im Gesundheitssektor, die Verschärfung des Wettbewerbs auf dem Gesundheitsmarkt und die Anpassung unterschiedlicher Standards könnten mittelfristig zu einer Entfremdung zwischen den nationalstaatlichen Gesundheitssystemen und ihrer gesellschaftlichen Verankerung in religiösen und kulturellen Normen führen. Denn nicht nur die Regelung und Finanzierung der Gesundheitssysteme, sondern auch die Normen zu Fragen wie Abtreibung oder Sterbehilfe, zum Umgang mit bioethischen Fragen oder Fürsorgethemen sind auf dem Hintergrund der jeweiligen Geschichte vollkommen verschieden. In Deutschland wird die Betätigung der Freien Wohlfahrtspflege traditionell als Ausdruck christlicher Nächstenliebe und bürgerschaftlichen Engagements ohne Gewinnstreben und auch als Ausdruck der Freiheit von Religion und Weltanschauung (Art. 4 GG) geschützt. Sie muss sich entfalten können und darf weder verstaatlicht noch in die Regeln des privatwirtschaftlichen Wettbewerbs gedrängt werden. Allerdings ist diese Entwicklung nicht nur seit der Einführung der Pflegeversicherung mit der Aufhebung des Vorrangs der freien Wohlfahrtspflege vor privaten Trägern und des Selbstkostendeckungsprinzips in vollem Gang, sie wird auch durch die Knappheit der öffentlichen Kassen und die Debatte um die Verankerung der Daseinsvorsorge in Europa weiter dynami-

siert. Die Konferenz Europäischer Kirchen (KEK) warnte deshalb im Jahr 2010 gemeinsam mit der Konferenz der katholischen Bischöfe in Europa (COMECE), mit Eurodiaconia und Caritas International: »Der Zugang zu Dienstleistungen von allgemeinem bzw. öffentlichem Interesse, insbesondere zu Sozial- und Gesundheitsdienstleistungen, ist in einer Gesellschaft, die von sich behauptet, sich um Menschenwürde und Grundrechte zu bemühen, eine Grundvoraussetzung. […] Die Europäische Union und die Mitgliedsstaaten sollten dafür sorgen, dass Sozial- und Gesundheitsdienstleistungen auf der Grundlage von Solidarität und Gerechtigkeit erbracht werden, was bedeutet, dass sie öffentlich finanziert werden. Die Dienstleistungen müssen dem Dienstleistungsempfänger in größtmöglicher örtlicher Nähe zur Verfügung stehen, damit niemandem der Zugang zu einer Dienstleistung aufgrund ihrer entfernten Lage verwehrt bleibt.«

B.III.2. Medizinische Kriterien

(94) Eine gute medizinische und pflegerische Versorgung soll insgesamt bedarfsgerecht und gleichmäßig sein, sie soll dem allgemein anerkannten Stand der medizinischen Erkenntnisse und ihrem Fortschritt entsprechen, sie muss in der fachlich gebotenen Qualität und wirtschaftlich und zugleich human erbracht werden (siehe z.B. § 70 SGB V). Eine gleichmäßige Versorgung vermeidet unangemessene Unterschiede zwischen verschiedenen Regionen, Alters-, Geschlechts- und Sozialgruppen. Sie achtet auf die Gleichbehandlung von Kranken mit gleicher Problem- und Risikolage. Bedarfsgerecht ist eine Versorgung, wenn die Wahl der Untersuchungs- und Behandlungsmethoden einer fachgerechten Indikationsstellung folgt. Diese berücksichtigt die klinische Ausgangslage (vor allem

Art, Schweregrad und Prognose der Krankheit), die mit dem Patienten gemeinsam zu definierenden Ziele der Behandlung sowie die Wirksamkeit, Nutzenchancen und Schadensrisiken der generell infrage kommenden Interventionen.

(95) Zu deren Einschätzung ist der Rückgriff auf sogenannte externe Evidenz aus systematischer Forschung unverzichtbar. Als besonders belastbar gelten der evidenzbasierten Medizin (EbM) im Bereich der Therapie klinische Prüfungen nach dem Schnittmuster (»Design«) des kontrollierten randomisierten Versuchs (randomised controlled trial, RCT). Sie sind trotz mancher Grenzen und Schwächen am besten geeignet, den sogenannten klinischen Beweis zu führen. Mit ihnen lässt sich zeigen, dass es ein bestimmtes Behandlungsverfahren (Medikament, Operation, Psychotherapie, Pflegemethode, Physiotherapie etc.) war, das überzufällig und beachtenswert häufig und sicher zum erstrebten Behandlungsziel führte. Die Ergebnisse einer Reihe solcher Studien (zusammengestellt in systematischen Übersichten mit und ohne Metaanalysen) ermöglichen es Klinikern und Patienten, die Chancen und Risiken einer bestimmten Behandlung im Vorhinein abzuschätzen. Die endgültige Entscheidung über den Behandlungsbeginn muss der Patient treffen; die Objektivierung des Bedarfs durch die Verbindung von Problemlage und Heilmittel (Indikationsstellung) ist und bleibt Aufgabe der Fachleute.

(96) Ein Problem vieler RCTs ist ihr artifizieller Charakter. Oft sind sie so geplant, dass ihre Ergebnisse nur schwer auf die tägliche Praxis übertragen werden können: Die einbezogenen Patienten repräsentieren nur einen Teil aller Kranken, die Kontrollbedingung (z.B. Placebo) stellt keine realistische Alternative dar, die Wirksamkeits- und Nutzenparameter ver-

fehlen die Behandlungsziele der Patienten wie Kliniker, die Gruppen sind zu klein und die Nachbeobachtungsdauern zu kurz, um ernste, aber seltene Nebenwirkungen zu erfassen. Deshalb werden in der wissenschaftlichen Diskussion zunehmend »pragmatische« Studien gefordert. Wichtig wäre es dann auch, in Anwendungsbeobachtungen oder auf der Basis von Behandlungsfallregistern zu prüfen, ob die in RCTs beobachteten Effekte auch unter Alltagsbedingungen erhalten bleiben.

(97) Üblicherweise werden Risiken der Krankheitsentstehung, deren aktueller Schweregrad und ihre Prognose, die Nutzenchancen und Schadensrisiken ihrer Behandlung und deren Evidenzlage als »medizinische« Kriterien bezeichnet. Richtig daran ist, dass es Patientenberichte, die klinische Erfahrung und die klinische Forschung sind, die sie qualitativ und quantitativ konkretisieren. Richtig ist auch, dass heute für die Nutzenbewertung von Arzneimitteln und Medizinprodukten die »patientenrelevanten therapeutischen Effekte« eine besondere Rolle spielen. § 2 Abs. 3 der Arzneimittel-Nutzenbewertungsverordnung nennt »insbesondere« die »Verbesserung des Gesundheitszustands, (die) Verkürzung der Krankheitsdauer, (die) Verlängerung des Überlebens, (die) Verringerung von Nebenwirkungen oder (eine) Verbesserung der Lebensqualität«.

(98) Dennoch handelt es sich hier nicht um medizinische Kriterien im engeren Sinne. Wenn der Schweregrad und die Prognose einer Krankheit über das Ausmaß aktueller bzw. drohender Beschwerden, über Einschränkungen der Funktionsfähigkeit, der Lebensqualität oder Lebenserwartung abgeschätzt werden, dann werden unser aller Ängste, Sorgen und Bewertungen angesprochen. Krankheit wird in unserer Ge-

sellschaft generell als fundamentaler Unwert, ein unbedingt zu vermeidendes Übel bewertet. Historisch unterschiedlich ist die Aufmerksamkeit, die einzelnen ihrer Folgen gewidmet wird. Im Augenblick steht die gesellschaftliche Teilhabe (ein zentraler Begriff der International Classification of Functioning, Disability and Health der WHO) im Vordergrund.

(99) In Deutschland wird, anders als in Großbritannien und ähnlich wie in den skandinavischen Ländern, vor allem der Nutzen für den einzelnen Patienten bzw. eine Gruppe vergleichbarer Patienten bewertet. Im Vereinigten Königreich geht es vor allem um den gesellschaftlichen Nutzen, die gesellschaftliche Wohlfahrt. Entsprechend wichtiger werden hier die Ergebnisse von vergleichenden Kosten-Nutzen-Abschätzungen genommen. Sie zielen auf die Bestimmung gruppen- und krankheitsübergreifender Kosten-Nutzwert-Verhältnisse in Form von aufzuwendenden Euros, Pounds oder Dollars pro gewonnenem (qualitätsbereinigten) Lebensjahr (Quality-adjusted Life Year, QALY).

Bei uns wird noch heftig darüber gestritten, ob dieses Konzept als international anerkannter Standard der Gesundheitsökonomie gelten kann und übernommen werden sollte. Strittig ist auch, welchen Stellenwert weitere Nutznießer (z.B. Angehörige psychisch Kranker, gesunde Kontaktpersonen von geimpften Kindern) und fernliegende Nutzenarten (z.B. Einsparung medizinischer Leistungen, Vermeidung von Arbeitsunfähigkeit und Berentung) haben sollen. Schließlich wird diskutiert, welche und wessen Erfahrungen den Nutzenbewertungen zugrunde gelegt werden sollen. Sollen nur in wissenschaftlichen Studien erhobene objektive Daten, sollen (auch) systematisch gesammelte Berichte von Klinikern und Patienten gelten oder auch die sogenannte klinische

Erfahrung der unmittelbar involvierten Ärzte, Pflegenden und Therapeuten? Und welche Wahrscheinlichkeitsmaßstäbe (Evidenzlevel) sind zugrunde zu legen? Aus ethischer wie rechtlicher Sicht kann man umso schwächere Evidenz akzeptieren, je näher sich eine klinische der Notstandssituation nähert und je stärker die Risiken (und nicht die Chancen) einer Behandlung hervortreten.

(100) Während in europäischen Nachbarländern seit mehr als 25 Jahren offen über Priorisierung in den jeweiligen Gesundheitssystemen nachgedacht wird, verweigert sich die deutsche Gesundheitspolitik diesem Thema nach wie vor. Ein zentraler Grund ist in der Verwechslung von »Priorisierung« und »Rationierung« zu sehen, ein weiterer in der Sorge, dass Priorisierung den zwingenden Ausschluss ganzer Kranken- und Krankheitsgruppen bedeute. Im Blick auf ausländische Vorbilder sind beide Einwände nicht stichhaltig. Priorisierung ist auch dann notwendig, wenn die Ressourcen zunehmen (was in Norwegen anfangs der 1980er Jahre der Fall war und seit Jahren für das Budget der GKV mit rund 5 Prozent Zuwachs im Jahr gilt). Priorisierung sollte zweitens (»vertikal«) für die Leistungen innerhalb einzelner Versorgungsbereiche begonnen und sie sollte drittens (wie in Schweden) durch Leitlinien mit Empfehlungscharakter (für klinisch Tätige, Politiker und Patienten) ins Werk gesetzt werden. Eine offene wert- und kriteriengestützte Priorisierung muss heute als eine Determinante des verantwortungsvollen Umgangs mit begrenzten Ressourcen gelten.

B.III.3. Ökonomische Kriterien

(101) Die Gesundheitsversorgung muss – zumal in der aus Pflichtbeiträgen finanzierten Gesetzlichen Krankenversicherung – effizient finanziert werden. Ein unwirtschaftlicher Mitteleinsatz – also »Verschwendung« – wäre unethisch und gegenüber den Beitragszahlern nicht gerecht. Es gilt daher, den Rahmen im Versorgungsgeschehen für alle Beteiligten so zu setzen, dass sie dem Wirtschaftlichkeitsgebot, das seit rund 100 Jahren im Krankenversicherungsrecht verankert ist, auch faktisch nachkommen.

(102) Die Steuerung des Gesundheitssystems kann grundsätzlich über unterschiedliche Mechanismen durchgeführt werden: durch staatliche Planungen und Anordnungen, kollektive Koordination und kollektive Verträge sowie über den Wettbewerb von Akteuren einschließlich marktlicher Steuerung. Die Wahl der Steuerungsarrangements und ihre Detailausgestaltung darf dabei kein Selbstzweck sein – vielmehr muss sie sich daran ausrichten, wie eine qualitativ gesicherte, effiziente, den Zugang zu den Leistungen gerade auch Schwächerer gewährleistende Gesundheitsversorgung organisiert wird. Dabei bestehen keine einfachen Entscheidungsregeln, nach welchem Ansatz das Gesundheitssystem gesteuert werden sollte, vielmehr hat jeder Steuerungsansatz spezifische Vor- und Nachteile: So sind staatliche Steuerungsansätze grundsätzlich in der Lage, die in demokratischen Willensbildungen der Gesellschaft artikulierten Vorstellungen umzusetzen; auch ist staatliches Handeln dort prinzipiell geeignet, wo Güter oder Dienste nicht marktfähig sind. Auf der anderen Seite besteht die Gefahr, dass Entscheidungen staatlicher Akteure fern von den Betroffenen getroffen werden.

Die Steuerung über kollektive Organisationen (z.B. Gremien der gemeinsamen Selbstverwaltung von Finanzierungsträgern und Leistungserbringern) und kollektive Verträge kann für sich geltend machen, dass die Verbände der Beteiligten selber hier tätig werden, die ihre spezifischen Präferenzen und ihr Wissen einbringen können. Kollektivverträge, die eine größere Zahl von Akteuren einbeziehen, können den Interessen von kleinen Gruppen möglicherweise nicht adäquat Rechnung tragen. Es besteht die Gefahr, dass kollektive Organisationen und Kollektivverträge Regelungen zulasten Dritter treffen, die an den Willensbildungsprozessen nicht mitwirken können.

Wettbewerbliche, insbesondere marktliche Steuerung, gilt in der Ökonomie als geeignet, statische und dynamische Effizienz sowie eine Orientierung an den Präferenzen der Nachfrager zu realisieren. Auch verhindert Wettbewerb eine Machtzusammenballung. Markt und Wettbewerb funktionieren nicht, wo es um die Produktion öffentlicher Güter geht. Auch distributive Aspekte jenseits der Orientierung an Leistungsgerechtigkeit können ohne weitere Eingriffe durch Markt und Wettbewerb nicht adäquat realisiert werden. Ein rein marktförmiges Gesundheitswesen ist daher nicht geeignet, die gesamte Bevölkerung oder auch nur eine Mehrheit angemessen zu versorgen.

(103) Im Unterschied zu vielen anderen Bereichen der Wirtschaft wird das Gesundheitswesen in den meisten westlichen Industriegesellschaften überwiegend nicht über wettbewerbliche Mechanismen gesteuert. Auch in Deutschland waren und sind korporative Koordination (insbesondere über den Gemeinsamen Bundesausschuss von Leistungserbringern und Krankenkassen und Kollektivverträge zwischen den Kran-

kenkassen und den Erbringern der Gesundheitsleistungen und ihren Verbänden) und staatliche Administration (zum Beispiel im Rahmen der Krankenhausplanung und -finanzierung) gegenüber dem wettbewerblichen Ansatz vorherrschende Steuerungsmechanismen. Die zentralen Aufgaben der Sicherstellung der Versorgung werden heute nicht über wettbewerbliche Mechanismen, sondern über staatliche oder kollektivvertragliche Koordination wahrgenommen.

(104) Allerdings hat in den vergangenen Jahrzehnten der Ruf nach »mehr Markt« und »mehr Wettbewerb« auch in Deutschland zugenommen. Eine genauere Analyse zeigt dabei, dass darunter keine einheitliche Vorstellung vertreten wird. Vielmehr werden hierunter verschiedene Konzepte verstanden, hinter denen tiefgreifende Unterschiede in der Einschätzung über die Realisierbarkeit und Wünschbarkeit von Gestaltungsoptionen für die unterschiedlichen Akteure liegen:

• Ein erster Ansatz will vor allen Dingen Wettbewerb auf dem Behandlungsmarkt zwischen Patient und dem ihn behandelnden Leistungserbringer (Arzt, Zahnarzt, Krankenhaus etc.) stärken. Zentrales Instrument in diesem Ansatz ist vor allen Dingen die vertragliche Vereinbarung zwischen Patient und Leistungserbringer über Preis und Modalitäten der Behandlung. Zur Umsetzung dieses Ansatzes müssten beiden Seiten im Blick auf die Gestaltung ihrer Beziehung größere Gestaltungsspielräume eingeräumt werden, ihre Beziehung bilateral zu regeln. Der Patient würde dabei zwischen den Ärzten oder Krankenhäusern wählen, die mit Qualität und Preis um seine Gunst konkurrierten. Der Krankenversicherung käme in diesem Zusammenhang in erster Linie die Aufgabe zu, die dem Patienten entstandenen Kosten nachträglich zu erstatten.

- Ein anderer Wettbewerbsansatz zielt demgegenüber darauf, den Leistungsmarkt zwischen Krankenkassen und Leistungserbringern auszubauen und zur tragenden Säule des Vertrags- und Versorgungssystems weiter zu entwickeln. Zentraler Ansatzpunkt dieses Konzeptes des »Vertragswettbewerbs« (das etwa von Teilen der GKV und den Arbeitgebern unterstützt wird, aber auch im politischen Raum Befürworter hat) ist die Aufhebung des heute in der ambulanten ärztlichen und zahnärztlichen Versorgung sowie in der Krankenhausversorgung bestehenden kollektiven Kontrahierungszwangs für die Krankenkassen gegenüber den Leistungserbringern. An dessen Stelle träte dann die Verpflichtung einer Krankenkasse, in qualitativ und quantitativ ausreichendem Umfang Leistungen für ihre Versicherten über Verträge mit Leistungserbringern einzukaufen. Die Krankenkassen ihrerseits stünden im Wettbewerb um die Versicherten; diesem Konzept zufolge würden die versorgungspolitischen Strategien der Kassen die Wahlentscheidung der Versicherten steuern.

(105) Dass sich die beiden vorgestellten Wettbewerbskonzepte so grundlegend voneinander unterscheiden, ist darin begründet, dass sie in ihrem Verständnis der Situationen der Akteure und des daraus resultierenden Steuerungsbedarfes und seiner Systemerfordernisse stark divergieren:

- Die Bedeutung der Asymmetrie des Verhältnisses zwischen Patient und Leistungserbringer wird unterschiedlich eingeschätzt: Während die Vertreter des Konzeptes der direkten Marktbeziehung davon ausgehen, dass Arzt bzw. Krankenhaus und Patient im Regelfall auf Augenhöhe miteinander agieren und sich vertraglich binden können, erachten die Vertreter des Konzeptes des Vertragswettbewerbs die Beziehung als stark durch Asymmetrie geprägt. So wird darauf verwiesen, dass die Patienten kaum über geeignete Qualitätsinformationen zum Leistungsangebot verfügen und in der Regel auch nicht in der Lage seien, entsprechende Informationen adäquat zu interpretieren. Soll der Wettbewerb der Leistungserbringer auch mit Blick auf die Qualität der Versorgung funktional sein, wird es daher als erforderlich angesehen, dass dem Patienten ein »ergänzender Sachwalter« zur Seite gestellt wird – im Konzept des Vertragswettbewerbs in einem Krankenversicherungssystem kommt diese Aufgabe der Krankenkasse zu. Allerdings ist auch kritisch zu hinterfragen, inwieweit Krankenkassen jenseits des Bemühens um niedrige Kosten der Leistungen auch hinreichend an Qualitätsfragen interessiert sind, sodass sie die Interessen der Versicherten und Patienten angemessen repräsentieren. Daher werden auch andere Beteiligte (z.B. Patientenberatungsstellen, Verbraucherverbände) als ergänzende Sachwalter der Patienten vorgeschlagen.

• Die Notwendigkeit der Steuerung von Versorgungsprozessen chronisch Kranker wird ebenfalls unterschiedlich bewertet: Die Befürworter der Stärkung der direkten Marktbeziehung gehen davon aus, dass der Arzt gemeinsam mit dem Patienten die geeigneten Entscheidungen zum Behandlungsablauf trifft und die adäquaten weiteren Leistungserbringer einbindet. Demgegenüber gehen die Vertreter des Konzeptes vom Vertragswettbewerb davon aus, dass es einer sektorübergreifenden Steuerung bedarf, die etwa das Schnittstellenmanagement einbezieht. Die Krankenkasse wird als geeigneter Akteur angesehen, der mit Leistungserbringern solche Prozesse organisiert und im Wettbewerb der Versorgungskonzepte die geeigneten auswählt. Auch hier ist allerdings kritisch zu fragen, wie stark Kostenüberlegungen bei den Auswahlentscheidungen der Krankenkassen dominant sind – dies insbesondere, weil ein Großteil ihrer Versicherten zu jedem Zeitpunkt gesund ist und daher der Beitragslast höheres Gewicht als Versorgungsaspekten einräumen dürfte.

(106) Kontrovers diskutiert wird insbesondere die Frage, inwieweit ein Konzept des Vertragswettbewerbs in der Lage wäre, die Aufgabe einer flächendeckenden Sicherstellung der gesundheitlichen Versorgung zu übernehmen und welche Regelungen erforderlich wären, um Defizite dort aufzufangen, wo – wie z.B. in ländlichen Regionen – nicht ausgeschlossen werden kann, dass keine hinreichenden Versorgungsverträge geschlossen werden. Allerdings ist zu konstatieren, dass auch die bisherigen Steuerungsansätze hier Schwächen aufweisen. So ist zwar bislang in Deutschland sowohl die Zahl der in der ambulanten Versorgung als niedergelassene Ärzte tätigen Mediziner als auch die Zahl der Krankenhausärzte kontinuierlich gestiegen, gleichwohl haben regionale Ungleichgewichte in der Versorgungsdichte zugenommen, und insbesondere in einzelnen ländlichen Regionen ist bereits heute ein »Ärztemangel« entstanden. Es ist erforderlich, durch ein abgestimmtes Set von Instrumenten eine Mindestversorgung auch im ländlichen Raum zu sichern. Dies gilt auch dann, wenn den Krankenkassen die Möglichkeit eingeräumt wird, nicht zeitkritische Krankenhausleistungen für ihre Versicherten nur noch bei von ihnen ausgewählten Vertragskrankenhäusern vornehmen zu lassen oder auch durch Konzentration von Eingriffen auf darauf spezialisierte Zentren die Qualität der

Eingriffe zu verbessern und zugleich aufgrund von Kosten-
degressionen Einsparungen zu erzielen. Tatsächlich führt die
Entstehung solcher medizinischer Kompetenzzentren schon
heute dazu, dass die wohnortnahe Krankenhausversorgung
bisheriger Ausprägung kaum noch aufrechterhalten werden
kann.

(107) Deutlich wird, dass es in verantwortbarer Weise bei der
Gesundheitsversorgung zumindest im Rahmen der GKV bei
»mehr Markt« oder »mehr Wettbewerb« nicht um einen »frei-
en Markt« oder »Wettbewerb an sich« gehen kann. Vielmehr
geht es um einen durch den Staat gestalteten Rahmen, der
sicherstellen muss, dass wettbewerblich handelnde Akteure
durch ihr Tun zur Verbesserung von Qualität und Wirtschaftlichkeit der Versorgung beitragen. Soweit auf Wettbewerb gesetzt wird, ist dabei sicherzustellen, dass zwischen Leistungserbringern und Krankenkassen »gleich lange Spieße« herrschen;
die Zugänglichkeit der Versorgung insbesondere für sozial
Benachteiligte ist durch entsprechend gestaltete Regelungen
zu gewährleisten. Die bundesdeutsche Gesundheitspolitik ist
nach wie vor durch eine Pluralität der Steuerungsmechanismen gekennzeichnet. Insbesondere hat sich die Politik nicht
für die vollständige oder auch nur weitgehende Umsetzung
eines der wettbewerblichen Modelle anstelle der kollektiven
Steuerung oder staatlich-planerischen Handelns entschieden.
Allerdings hat die Politik Mitte der 1990er Jahre den Wettbewerb der Krankenkassen ausgebaut, indem allen Versicherten ein regelmäßiges Kassenwahlrecht eingeräumt wurde. In
den Folgejahren sind den Krankenkassen begrenzte Möglichkeiten zur Verfügung gestellt worden, sich wettbewerblich voneinander bei den Leistungen (z.B. durch Wahltarife
mit unterschiedlichen Selbstbehalten) oder in der Form der

Leistungserbringung (z.B. durch Verträge mit Leistungserbringern zur integrierten Versorgung) zu unterscheiden. In der Wahrnehmung der Versicherten bezieht sich der Kassenwettbewerb allerdings in erster Linie auf die Höhe des Beitrags. Weil Krankenkassen kontrahierungspflichtig sind, also keine Mitgliedschaft ablehnen dürfen, kann es innerhalb der Krankenkassen zu einer ungleichen Verteilung der gesundheitlichen Risiken und Versicherten mit unterschiedlichem Einkommen kommen. Dieser Entwicklung ist durch die Einführung des morbiditätsorientierten Risikostrukturausgleichs vorgebeugt worden, der eine Umverteilung der finanziellen Mittel zwischen den Krankenkassen nach der Krankheitslast (Morbidität) ihrer Mitglieder bewirkt. Am Beispiel des Krankenkassenwettbewerbs lässt sich deutlich machen, dass ein solcher Wettbewerb sinnvoll ist, allerdings nur, wenn er zugleich durch staatliche Regulierungen gerahmt wird. Sinnvoll ist der Wettbewerb, wenn er die Krankenkassen zwingt, auf die Bedürfnisse ihrer Mitglieder einzugehen (Kundenorientierung) und mit den vorhandenen Mitteln effizient zu wirtschaften. Der gesundheitspolitische Nutzen der Kundenorientierung hat da seine Grenzen, wo Krankenkassen Maßnahmen ergreifen, um junge, gesunde und einkommensstarke Versicherte zu gewinnen (z.B. durch Zuschüsse für Fitness-Kurse) und darüber die Interessen kranker und armer Menschen mit geringer Kundensouveränität vernachlässigen.

(108) Nationale wie internationale Erfahrungen zeigen, dass Ärzte, Krankenhäuser und andere medizinische Einrichtungen auf ökonomische Anreize reagieren. Dies ist nicht verwerflich, sondern entspricht dem Verhalten von Individuen und Organisationen auch in anderen gesellschaftlichen Bereichen. Daraus erwächst allerdings eine Verantwortung für

die Gesundheitspolitik, wenn sie die Regeln setzt, nach denen die Leistungserbringer vergütet werden – sie gestaltet hierbei diese Anreize und nimmt insoweit Einfluss auf das Verhalten von Ärzten und Krankenhäusern. Dabei gilt es, zwischen unterschiedlichen Risiken auszutarieren: Die Menge der medizinischen Leistungen in einer konkreten Behandlungssituation ist vielfach in weitem Rahmen gestaltbar. »Belohnt« das Vergütungssystem zum Beispiel eine Ausweitung der Leistungen – etwa wenn einzelne Leistungen vergütet werden, sodass Umsatz und Einkommen des Arztes oder Krankenhauses mit steigender Menge der Leistungen zunehmen –, kann ein rasches Ausgabenwachstum resultieren, auch weil die Patienten die Kosten nicht direkt zu tragen haben, sondern Krankenversicherungsschutz genießen. Erhalten die Leistungserbringer hingegen pauschalierte Vergütungen – zum Beispiel eine Pauschale im Quartal für jeden bei ihnen eingeschriebenen Versicherten –, erwächst umgekehrt die Gefahr der Unterversorgung mit notwendigen Leistungen, weil hier der Arzt sein Einkommen erhöht, wenn er durch möglichst wenige Leistungen die ihm entstehenden Kosten senkt. Die Gesundheitspolitik hat für die Gesetzliche Krankenversicherung die Spielregeln, nach denen die Leistungserbringer abrechnen können, in den letzten Jahren häufig variiert, auch für die nahe Zukunft sind Reformen der Vergütungssysteme in Aussicht gestellt.

(109) Das Verhältnis von Qualität und Wirtschaftlichkeit bedarf auch in der Versorgung Pflegebedürftiger einer sorgfältigen Analyse. Hier vereinbaren die Parteien der Pflegesatzvereinbarung (Pflegekassen und zuständige Sozialhilfeträger) mit den Trägern der stationären Pflegeeinrichtungen Entgelte für die pflegebedingten Kosten sowie für die Kosten der Un-

terkunft und Verpflegung. Die Leistungen der Pflegekassen liegen – insbesondere in den höheren Pflegestufen – unterhalb der vereinbarten Entgelte, sodass die direkt von Pflegebedürftigen zu zahlenden Differenzbeträge zwischen Entgelt und Leistung der Pflegekasse eine direkte Marktbeziehung zwischen Pflegebedürftigem und seinen Angehörigen einerseits und den Trägern der Pflegeheime andererseits entstehen lassen. Die zugelassenen Pflegeeinrichtungen sind verpflichtet, Maßnahmen der Qualitätssicherung sowie ein Qualitätsmanagement durchzuführen. Der Medizinische Dienst der Krankenversicherung überprüft im Auftrag der Pflegekassen die Pflegequalität.

C. Empfehlungen

C.I. Herausforderung Eigenverantwortung: Menschen stark machen und beteiligen

(110) Auch wenn es in der heutigen individualisierten Gesellschaft plausibel ist, dass Gesundheit wesentlich abhängt von persönlichem Gesundheitsverhalten, und es darum ebenfalls plausibel ist, dass Gesundheitsförderung auch am individuellen Verhalten ansetzen sollte, sprechen nahezu alle empirischen Daten dagegen, dass sich durch Verhaltensprogramme – beispielsweise zum Bewegungs- oder Ernährungsverhalten – die Gesundheit der Gesamtbevölkerung wesentlich verbessern lässt. Erst Verhältnisstrategien – z.B. Reduktion der Verfügbarkeit von gesundheitsriskanten Produkten oder der Zugangsbarrieren zu gesundheitsdienlichen Ressourcen – gewährleisten nachhaltige Gesundheitsgewinne für alle Menschen. Exemplarisch zeigt die Tabakprävention, dass verhaltenspräventive Maßnahmen – etwa Aufklärung, Kompetenzförderung und Widerstandstrainings gegen sozialen Druck – enttäuschend geringe Effekte erzielen im Vergleich zu verhältnisbezogenen Maßnahmen wie Steuererhöhungen, Verfügbarkeitsbeschränkungen und Werbeverboten. Wenn überhaupt, werden verhaltensorientierte Maßnahmen vornehmlich bei den begünstigten Bevölkerungsgruppen zu Gesundheitsgewinnen führen, deren gesundheitliche Ressourcen jedoch ohnehin ausreichend sind. Bei den Bevölkerungsgruppen, die unterdurchschnittlich ausgestattet sind mit zentralen gesundheitlichen Ressourcen, sind verhaltensorientierte Strategien in den meisten Fällen und im besten Fall nutzlos, im

schlechteren Fall sogar schädlich, weil die mangelnden Möglichkeiten und Fähigkeiten zu gesundheitsgerechtem Verhalten und die vergeblichen Verhaltensänderungsbemühungen zu gesundheitsbelastenden Selbst- und Fremdstigmatisierungen führen.

(111) Um die Gesundheit aller Menschen in gleicher (bzw. gerechter) Weise zu fördern, ist es unerlässlich, Gesundheitsförderung im Sinne der Ottawa-Charta der Weltgesundheitsorganisation so anzulegen, dass sie auf individuelles und gesellschaftliches Empowerment und eine strukturelle Beeinflussung der Umwelt und Lebenswelt angelegt ist. Dabei ist die gesundheitliche Ungleichheit innerhalb der Bevölkerung, die in allen wohlhabenden Staaten des Nordens zu beobachten ist, im Sinne einer Stärkung der Benachteiligten zu verringern.

Empfehlenswert ist daher eine Politik, die transparenter als bisher offenlegt, welche Aktivitäten dazu beitragen sollen, gesundheitsschädliche Verhältnisse zu verändern, und welche Aktivitäten im Grunde nur auf Verhaltensänderung abzielen. Darüber hinaus sollte – da eine trennscharfe Transparenz vermutlich schwierig herzustellen sein wird – darüber nachgedacht werden, Politik für einen gewissen Zeitraum (z.B. fünf Jahre) vornehmlich auf Strategien der Verhältnisänderung zu konzentrieren: einerseits, weil die Menge der derzeit verfügbaren Programme zur Verhaltensänderung – einerlei, ob zu Ernährung, Bewegung, Stressbewältigung, Sucht u.v.m. – mittlerweile bereits sehr groß ist und ein Richtungswechsel keine Unterversorgung erzeugen würde. Andererseits belegen einzelne Gesundheitsfelder eindrücklich den Nutzen der Verhältnisorientierung. In der Unfallprävention zum Beispiel sind verhältnisorientierte Strategien wie Straßenschwellen und Leitplanken seit langem wirksamer Standard. Verhältnisse statt Verhalten zu fokussieren heißt, die Verantwortung für Gesundheit auf alle Schultern gerecht zu verteilen – nicht nach Maßgabe der individuellen Betroffenheit, sondern gemäß der verfügbaren Macht zur Veränderung gesundheitsriskanter Verhältnisse.

(112) Gesundheit für alle zu mehren erfordert auch, alle gleichermaßen zu beteiligen. Diejenigen, die ökonomisch und sozial in einer gesicherten Position sind, sind nicht nur zur Eigenverantwortung, sondern auch zur gesellschaftlichen Verantwortung für die sozial Benachteiligten aufgefordert. Aber auch diejenigen, die ökonomisch wie sozial in schwächeren Positionen sind, müssen zur Verantwortung für sich selbst und ihre eigene Familie befähigt werden. Damit das strukturell gelingt, bedarf es politischer Anstrengungen, um soziale Ungleichheit zu reduzieren und Bildungs- und Teilhabechancen zu verbessern. Zur Erhöhung der Teilhabechancen könnte auch beitragen, Formen direkter Bürgerbeteiligung in der von vielen als intransparent wahrgenommenen Gesundheitspolitik und insbesondere in der gemeinsamen Selbstverwaltung einzuführen (vgl. Ziffern 131f).

(113) Die Realisierung eigenverantwortlichen gesundheitsbezogenen Handelns erfordert schließlich auch von den Professionellen im Gesundheitssektor die Entwicklung einer entsprechenden Haltung, die Unterstützung und offene Information mit Gesprächen auf »Augenhöhe« verbindet. Die Stärkung von Eigenverantwortung und Selbstbestimmung setzt die Befähigung voraus, sich über bestehende Versorgungsmöglichkeiten fundiert zu informieren und kompetent Entscheidungen treffen zu können. Da dies angesichts der

komplexer und vielfältiger werdenden Angebote zunehmend schwieriger wird und höhere Anforderungen an Inanspruchnehmer stellt, die nicht von allen bewältigt werden können, sind hier entsprechende Hilfestellungen durch Professionelle bereitzustellen. Zudem ist kritisch zu hinterfragen, inwieweit Menschen in existenziellen gesundheitlichen Notlagen überhaupt über uneingeschränkte Wahl- und Entscheidungsmöglichkeiten verfügen oder auch nur den Wunsch haben, selbst Entscheidungen zu treffen. Repräsentative Befragungen verweisen darauf, dass Menschen im Krankheitsfall zwar mitreden, aber nicht mitentscheiden möchten. Dennoch sind die im Gesundheitssektor beschäftigten Professionen für einen partizipativen Umgang mit unterstützungsbedürftigen Menschen und die Infragestellung der eigenen Deutungsmacht zur Ermittlung eines Hilfebedarfs zu qualifizieren. Von besonderer Bedeutung ist darüber hinaus auch die zielgruppengerechte Befähigung von Betroffenen zur Übernahme von Eigenverantwortung durch die Bereitstellung von Hilfestellungen für benachteiligte Gruppen sowie eine gesetzlich verankerte Stärkung des Nutzer- und Verbraucherschutzes (z.B. Patientenbeauftragte; Verbandsklagerechte). Genauso wichtig ist die Bereitstellung von Hilfestellungen für benachteiligte Gruppen, die Installation von Patientenbeauftragten und Ombudspersonen, die Beteiligung der gesundheitlichen Selbsthilfe und der Verbände behinderter Menschen an der Leistungsgestaltung und eine gesetzlich verankerte Stärkung des Verbraucherschutzes wie z.B. im Wohn- und Betreuungsvertragsgesetz.

(114) Die veränderte Situation älterer Menschen wie die von Menschen mit Behinderung zeigt: Eine reine Fokussierung auf das Gesundheitssystem greift zu kurz, wenn danach

gefragt wird, wie man die Gesundheit der Einzelnen wie der Bevölkerung erhalten oder gar verbessern kann. Neben der zu Recht geforderten Verantwortung der Einzelnen für die Erhaltung der eigenen Gesundheit und der Schaffung gesellschaftlicher Rahmenbedingungen für gesundes Verhalten sind selbstkritisch gesellschaftliche Ungleichbehandlungen festzustellen, die im Ergebnis zu Exklusion führen und Menschen gerade nicht zu einem selbstbestimmten Leben befähigen.

(115) So bleibt z.B. die Inklusion chronisch kranker, pflegebedürftiger und behinderter Menschen in alle Bereiche der Gesellschaft eine wichtige Aufgabe des sozialen Rechtsstaates. Sie wird nicht nur durch medizinische, berufliche und soziale Rehabilitation, Behandlung und Pflege hergestellt, sondern auch durch eine Veränderung der gesellschaftlichen Lebenszusammenhänge erreicht. Dazu sind alle Lebensbereiche für behinderte Menschen zugänglich und barrierefrei zu gestalten. Universelle strukturelle und praktische Zugänglichkeit (Art. 9 BRK) ist ein wichtiges Merkmal einer sozial gestalteten Gesellschaft, in der behinderte und (noch) nicht behinderte Menschen in Kindergarten, Schule, Arbeitswelt, Gemeinde, Kirche und Freizeit zusammen leben, lernen und arbeiten und es keine absondernde Einrichtungen mehr gibt. Das Recht auf das erreichbare Höchstmaß an körperlicher und geistiger Gesundheit ist im Internationalen Pakt über soziale, wirtschaftliche und kulturelle Rechte als soziales Menschenrecht anerkannt (Art. 12 Sozialpakt). Ein gleichberechtigter und effektiver Zugang behinderter Menschen zum Gesundheitswesen ist Gegenstand der Behindertenrechtskonvention (Art. 25 BRK).

(116) Da die gesellschaftlichen Voraussetzungen, unter denen wir leben – Bildung und Herkommen, Einkommen und Familiensituation – erheblichen Einfluss auf unsere Fähigkeit zur Selbstsorge haben, bleibt es Aufgabe des Gesundheitswesens, der Bildungs- und Sozialpolitik, der Zivilgesellschaft und der Kirchen, die Selbstsorge von Menschen möglich zu machen. Die Herausforderung aber, die Ordnung des eigenen Lebens zu gestalten, auf Ernährung und Bewegung, den Wechsel von Anstrengung und Entspannung zu achten, Familie und Freundschaften ebenso zu pflegen wie die eigenen Kompetenzen zu bilden und damit vorzusorgen, bleibt immer auch eigenverantwortliche Aufgabe jedes Einzelnen. Wir müssen einander und uns selbst zumuten, unser Leben mit den verfügbaren, aber immer auch begrenzten Ressourcen zu gestalten. Es gehört zur Lebenskunst, dass wir auf unsere Endlichkeit antworten.

C.II. Professionen und soziale Netze: Professionelle Verantwortung stärken und soziale Netze aufbauen

(117) Die professionelle Verantwortung der Gesundheitsberufe ist eine Ressource, die stärker für das Gesundheitswesen genutzt werden muss. Ärztliche Selbstverwaltung muss mehr sein können als ökonomische Interessenvertretung. Die nichtärztlichen Pflege- und Therapieberufe müssen gestärkt und mit einer eigenständigen beruflichen Selbstverwaltung in das Gesundheitswesen eingebunden werden.

(118) Die fachlichen Grundlegungen zur Qualitätsentwicklung und Qualitätsprüfung durch wissenschaftlich unabhän-

gige Institutionen sind zu verbessern. Im Unterschied zur Medizin, die mit dem gemeinsamen Bundesausschuss über eine institutionell verankerte Plattform für autonome Entscheidungen verfügt, existiert für die Pflege bislang noch keine entsprechende Instanz zur autonomen Entwicklung und Überprüfung fachlicher Standards zur Qualitätsentwicklung und Qualitätssicherung. Institutionalisierte Strukturen, zu denen auch leistungsfähige wissenschaftliche Fachgesellschaften und gesetzlich eingerichtete Kammern gehören, bilden jedoch eine zentrale Voraussetzung für die Pflege, die Entwicklung wissenschaftsbasierter Qualitätskriterien in Form von Standards oder Leitlinien in der Eigenverantwortung der Profession, deren Verbesserung und Verstetigung. Angesichts der Tatsache, dass die unbedingt wichtigen Professionsüberlegungen nicht frei von Professionsinteressen im Sinne institutioneller Interessen sind und dass dabei durchaus auch um ökonomische Privilegien gestritten wird, ist darüber hinaus eine verstärkte berufsbezogene Kontrolle notwendig.

(119) Die Sicherstellung der benötigten pflegerischen Hilfen erfordert die Gewinnung einer ausreichenden Anzahl hierfür qualifizierter Beschäftigter. Nur durch eine verbesserte Durchlässigkeit in den Ausbildungsgängen durch Schaffung gestufter Ausbildungsgänge und die Finanzierung von sozialpädagogischen Begleitmaßnahmen können auch gering qualifizierte Interessenten für die Pflege gewonnen und ihnen Qualifizierungchancen ohne Absenkung der Versorgungsqualität und persönlicher Überforderung gegeben werden. Gleichzeitig ist die Anschlussfähigkeit an eine akademische Ausbildung zu verbessern, um die Attraktivität des Berufsfeldes auch für potenziell Interessierte mit einem höheren Schulabschluss zu erhöhen.

(120) Eine Abgrenzung der Kernbestandteile pflegerischer Tätigkeit in horizontaler (Abgrenzung zur Medizin und der Sozialen Arbeit) wie auch in vertikaler Hinsicht (zwischen Fach- und Hilfskräften) steht noch weitgehend aus. Damit fehlt aber eine Grundlage für die immer bedeutendere multiprofessionelle Arbeit.

(121) Eine Verringerung des Personalnotstands in den Pflegeberufen und die Sicherstellung einer qualitativ hochwertigen Versorgung erfordern ein Engagement unterschiedlicher Akteure und Verantwortlichkeiten.

- Die gesetzlich beschlossene Absenkung der Zugangsvoraussetzungen für die Altenpflegeausbildung ist von Gesetzgebern und Ausbildungsstätten durch die Schaffung gestufter Ausbildungsgänge und die Finanzierung von sozialpädagogischen Begleitmaßnahmen abzufedern. Nur so können den anvisierten neuen Zielgruppen gering qualifizierter Interessenten Qualifizierungschancen ohne Absenkung der Versorgungsqualität und persönlicher Überforderung bereitgestellt werden. Darüber hinaus ist die Ausbildungsqualität der praktischen Ausbildungsbestandteile durch Sicherstellung qualifizierter praktischer Anleitung und durch eine verbesserte Abstimmung von theoretischen und praktischen Ausbildungsbestandteilen zu optimieren.
- Leistungsanbieter sind ihren Beschäftigten gegenüber zur Übernahme von Verantwortung für eine qualitativ hochwertige Versorgung und Fürsorge verpflichtet. Durch Maßnahmen zur Gesundheitsförderung im Betrieb und durch transparente Organisationsstrukturen mit Gestaltungsmöglichkeiten für die Beschäftigten kann einem Berufsausstieg

entgegengewirkt werden. Dazu zählen weiterhin das Bemühen um mitarbeiter- und patientenfreundliche Arbeitszeitmodelle, die Ermöglichung von und Verpflichtung der Beschäftigten zu kontinuierlicher Weiterqualifikation und Maßnahmen zur Personalentwicklung.

- Eine Imageverbesserung der Pflegeberufe lässt sich kaum durch Anzeigenkampagnen erreichen. Wirksamer sind attraktive Aus- und Weiterbildungsmöglichkeiten, gesicherte und ausreichend entlohnte Beschäftigungsverhältnisse (Vollzeitstellen statt geringfügig Beschäftigter) und eine Betonung der Professionalität von Pflegearbeit, die nicht durch Dequalifizierungstendenzen unterlaufen werden darf.

(122) Eine bedarfsgerechte Gesundheitsversorgung kann und darf sich aber nicht auf die Bereitstellung medizinischer und pflegerischer Dienstleistungen beschränken. Vielmehr geht ein ermittelter Pflegebedarf vielfach auch mit einem hauswirtschaftlichen Hilfebedarf – insbesondere in Altenhaushalten – einher bzw. besteht oftmals auch ohne Vorlage einer anerkannten Pflegestufe. Da dieser Hilfebedarf derzeit nicht zufriedenstellend abgedeckt ist, kommt es zu Fehlversorgungen und einer durchaus vermeidbaren Inanspruchnahme stationärer Versorgungsangebote. Der Sicherstellung niedrigschwelliger Alltagshilfen ist deshalb für die Versorgungsqualität und die Vermeidung von Unter- und Fehlversorgungen unabdingbar. Haushaltsnahe Dienste und ambulante Pflegedienste müssen möglichst quartiernah vorgehalten, professionelle und lebensweltliche Hilfen verschränkt werden. Der Wegfall des Zivildienstes bzw. sein Ersatz durch Freiwilligendienste wird dabei in den nächsten Jahren zusätzliche Herausforderungen mit sich bringen. Gerade auch die Kirche muss

sich deshalb mit mehr Phantasie und guten Trägerstrukturen für Freiwilligendienste, qualifizierte Ausbildung und Begleitung, aber auch für die innere Motivation zum Engagement einsetzen.

(123) Nicht alle pflegebedürftigen Menschen verfügen über die gleichen Zugangsmöglichkeiten zu benötigten Hilfen. Insbesondere bei komplexen Problemlagen und/oder dem Fehlen von unterstützenden Angehörigen ist deshalb ein professionelles Case-Management vonnöten, um pflegebedürftige Menschen bei der Inanspruchnahme von Hilfen und der Koordination der unterschiedlichen Hilfeleistungen zu unterstützen. Darüber hinaus bilden transparente und niedrigschwellige Informationsangebote eine Grundvoraussetzung, um selbstbestimmte Entscheidungen über das gewünschte und benötigte Hilfeangebot zu treffen. Auch für derartige Informations-, Beratungs- und Koordinationsangebote sind ausreichende Finanzierungsgrundlagen zu schaffen.

(124) Der professionellen Pflege zur Bearbeitung der sich stellenden Aufgaben sind Grenzen gesetzt. Zusätzlich benötigen daher alle Menschen beim Eintritt von Pflegebedürftigkeit und im Sterbeprozess die Solidarität der Gesellschaft durch

- die Ausweitung von Angeboten im Bereich Palliative Care in der ambulanten und stationären Versorgung,
- Pflegeangebote in Krankenhäusern, stationären Altenpflegeeinrichtungen und in der ambulanten Versorgung, die die Bedarfe schwerpflegebedürftiger und gerontopsychiatrisch erkrankter älterer Menschen berücksichtigen,
- die Stützung informeller Helfer, die Pflegeverantwortung übernehmen

- und unterstützende ehrenamtliche Hilfen zur Stärkung bzw. Ergänzung von Selbsthilfepotenzialen.

(125) Die sich verändernden Familienkonstellationen begrenzen die Handlungsmöglichkeiten familialer Solidarität. Neben einer Ausweitung professioneller Unterstützungsmöglichkeiten werden Maßnahmen zur Aufrechterhaltung nachbarschaftlicher Solidarität sowie Anreize und Freiräume für bürgerschaftlich Engagierte als ergänzende Hilfen zu professionellen Diensten zunehmend bedeutsamer. Zivilgesellschaftliche Initiativen sollten daher gestärkt werden. Schon jetzt eröffnen Seniorengenossenschaften, Mehrgenerationenprojekte und Demenznetzwerke neue Möglichkeiten. Eine neue Bürgerbewegung entsteht, in der »junge Alte« ihre Zukunft aktiv gestalten und vor allem die Angehörigen Demenzerkrankter die Teilhabe wie die Pflegesituation von Älteren in unserer Gesellschaft zum öffentlichen Thema machen. Das Bewusstsein für die Notwendigkeit, angesichts einer durchschnittlichen häuslichen Pflegezeit von acht Jahren, Beruf und Pflegearbeit gut vereinbaren zu können, wächst. Die gesetzlichen Rahmenbedingungen für eine »Pflegezeit« erinnern daran, dass auch unter den Bedingungen einer Erwerbsgesellschaft die Pflege wie die Erziehung zu den selbstverständlichen familiären Aufgaben gehört, die allerdings ohne eine gute Infrastruktur und bezahlbare Dienstleistungen, ohne öffentliche Unterstützung wie Vereinbarkeitsregeln in der Wirtschaft nicht zu leisten sind.

(126) Da sich Bedarfslagen und Kompetenzen zur Selbsthilfe bei gesundheitlich beeinträchtigten Menschen in erheblichem Ausmaß voneinander unterscheiden, ist insbesondere die Unterstützung ökonomisch und bildungsbezogen benachteilig-

ter Gruppen sowie für ältere Menschen mit brüchigen sozialen Netzwerken gefordert. Dazu müssen die beratenden und edukativen Anteile in Medizin und Pflege ausgebaut werden. Außerdem braucht es niederschwellige Zugäng zu Hilfeangeboten unter Berücksichtigung des jeweils milieuspezifischen Lebenskontextes und die Beteiligung aller Professionellen, Dienste und Einrichtungen an vernetzten Versorgungsstrukturen.

(127) Eine Orientierung an den Lebenskontexten gesundheitlich beeinträchtigter Menschen setzt die Abgabe von Definitionsmacht der Medizin und der Pflege voraus, zu entscheiden, welche Hilfen ein Mensch benötigt. Dies erfordert ein neues Selbstverständnis der an den Hilfen beteiligten Berufen sowie erweiterte Kompetenzen für die Bedürfnisfeststellung, Bedarfserhebung, Wahrnehmung, Kommunikation und Selbstreflexion.

(128) Die Unterstützung hilfebedürftiger Menschen ist eine Querschnittsaufgabe, die sektoren- und berufsgruppenübergreifend zu erfolgen hat. Es ist deshalb auf eine funktionierende Zusammenarbeit der verschiedenen Akteure und Felder hinzuwirken. Dies ist bislang aus unterschiedlichen Gründen nur unzureichend erfolgt und setzt u.a. eine klare Positionierung professioneller Pflege insbesondere gegenüber der Medizin und der sozialen Arbeit voraus, die sich vor allem auch am Bedarf der Hilfebedürftigen und weniger an berufspolitischen und ökonomischen Interessen orientieren sollte. Dies ist zu respektieren und sozial zu verstärken. Die auch im Interesse der Kranken und der Bevölkerung liegende Bindung an die genannten professionelle Pflichten und Tugenden ist ein fragiles Gut, das langsam erworben, aber rasch verloren

wird, wie die Kollusion bestimmter ärztlicher Gruppen mit der laufenden Ökonomisierung der Medizin zeigt.

C.III. Wettbewerb im Versicherungssystem: Versicherungssystem schrittweise weiterentwickeln

(129) Die Finanz- und Wirtschaftskrise der letzten Jahre hat deutlich gemacht, welch hohes Gut eine verlässliche Sozialversicherung ist. Sie sichert als Solidarsystem nicht nur den überwiegenden Teil der Bevölkerung gegen die negativen Folgen individuell nicht oder kaum beeinflussbarer sozialer Risiken ab, sondern wirkt zugleich auch als automatischer Stabilisator der Konjunkturentwicklung und als wichtiges Instrument zur Sicherung des sozialen Friedens in Krisenzeiten. Sozialversicherungssysteme haben sich nicht erst in den letzten Jahren als äußerst flexibel erwiesen und plötzliche gesellschaftliche Umbrüche ebenso bewältigt wie die langsameren, kontinuierlichen Veränderungen der Wirtschaft, der Arbeitswelt und der Lebensformen. Dies gilt insbesondere für die Gesetzliche Krankenversicherung, aber auch die Soziale Pflegeversicherung hat sich in der Gesamtschau als ein verlässliches System erwiesen, das zuvor bestehende Regelungslücken verringert hat. Wie in der Orientierungshilfe des Rates der EKD »Das Prinzip der Solidarität steht auf dem Spiel« betont wird, müssen beide Systeme auch in Zukunft schrittweise so weiterentwickelt werden, dass dabei das Grundprinzip der Solidarität nicht aufs Spiel gesetzt wird.

(130) Auch in Zukunft muss es somit darum gehen, die Aufgaben und Finanzierungsgrundlagen der Gesetzlichen

Krankenversicherung und Sozialen Pflegeversicherung so zu gestalten, dass sie einerseits von privaten Versicherungssystemen, andererseits aber auch von rein steuerfinanzierten staatlichen Sozialleistungen unterscheidbar bleiben. Dazu ist genauer zu definieren, welche Aufgaben – insbesondere im Bereich der Infrastruktur des Gesundheitswesens und der allgemeinen Prävention – direkt vom Staat geleistet werden müssen. Werden gesamtgesellschaftliche Aufgaben aus organisatorischen Gründen ausnahmsweise von gesetzlichen Krankenversicherungen erbracht, so sind die damit verbundenen Belastungen aus Steuermitteln zu kompensieren. Beitragsermäßigungen für Transfereinkommensbezieher dürfen nicht dazu dienen, den Bundeshaushalt oder die Budgets anderer Zweige der sozialen Sicherung auf Kosten des Versichertenkollektivs der GKV zu entlasten. Aus ordnungspolitischen Gründen ist es daher abzulehnen, für den Sozialausgleich beim einkommensunabhängigen Zusatzbeitrag die in der Liquiditätsreserve des Gesundheitsfonds angesammelten Überschüsse aus Versichertenbeiträgen zu verwenden. Die gesamtgesellschaftliche Aufgabe, jedem einen bezahlbaren Zugang zum Krankenversicherungssystem zu ermöglichen, muss aus Steuermitteln finanziert werden.

(131) Kritisch zu überprüfen ist auch die Beitragssystematik, die neben dem allgemeinen und von der Bundesregierung festgesetzten Beitragssatz den Krankenkassen nur Spielraum bei der Erhebung eines einkommensunabhängigen Zusatzbeitrags lässt. Diese im Rahmen des Gesundheitsfonds eingeführte Regelung sollte den Kassenwettbewerb stärken, weil angenommen wurde, dass Versicherte absolute Zusatzkosten der Wahl einer Kasse besser beobachten können als relative Zusatzkosten, die im Zuge unterschiedlicher Beitragssätze

anfallen. Unterstützt wurde diese Wettbewerbsorientierung dadurch, dass gesetzliche Krankenversicherungsträger seit dem 1. Januar 2010 insolvenzfähig sind. Mit dieser Wettbewerbsstärkung sollte insbesondere bewirkt werden, dass unwirtschaftliche Kassen vom Markt verdrängt werden und die Zahl der Krankenkassen insgesamt sinkt. Es wurde jedoch nur unzureichend berücksichtigt, dass Kassen, die aufgrund von Finanzierungsschwierigkeiten einen einkommensunabhängigen Zusatzbeitrag erheben müssen, verstärkt mit Versicherungsaustritten konfrontiert werden. Da nach allgemeiner Erfahrung vor allem gesunde und junge Versicherte ihre Kasse wechseln, kann sich die Versichertenstruktur von in Schieflage geratenen Kassen im Zeitablauf so verschlechtern, dass eine Insolvenz auch bei größten Anstrengungen nicht zu vermeiden ist. Verschiedene Kassen versuchen daher, die Erhebung von Zusatzbeiträgen durch betriebsbedingte Kündigung, Lohnverzicht und Kurzarbeit ihrer Beschäftigten zu vermeiden. Dadurch werden aber keine Wirtschaftlichkeitsreserven erschlossen, sondern es wird lediglich ein Unterbietungswettbewerb auf Kosten der Beschäftigten ausgetragen. Es ist daher zwingend notwendig, dass Krankenkassen wieder ausreichende Möglichkeiten der Beitragsgestaltung haben, um im Interesse ihrer Beschäftigten und Mitglieder handlungsfähig zu bleiben und tatsächlich zu einer Sanierung und Wirtschaftlichkeitserhöhung in der Lage zu sein.

(132) Zur Gewährleistung einer umfassenden Solidarität zwischen allen Versicherten und zur Verhinderung eines unfruchtbaren Wettbewerbs der Krankenkassen um möglichst junge, gesunde und gut verdienende Mitglieder muss der Risikostrukturausgleich weiter verbessert werden. Die im Zuge der Einführung des Gesundheitsfonds erfolgte Weiterent-

wicklung zu einem morbiditätsorientierten Risikostrukturausgleich hat hier deutliche Fortschritte gebracht, es besteht
aber noch Spielraum für weitere Verbesserungen. Dass verschiedene Krankenkassen bereits nach der ersten Insolvenz
eines gesetzlichen Krankenversicherungsträgers eine Begrenzung der Pflicht zur Aufnahme unfreiwillig versicherungslos
gewordener Menschen gefordert haben, kann als Hinweis darauf gesehen werden, dass der Risikostrukturausgleich noch
nicht wie gewünscht funktioniert – ansonsten hätten sie Auf-
nahmewünschen neutral gegenüberstehen müssen. Da sich
einzelne Ungenauigkeiten im Risikostrukturausgleich nicht
vollständig vermeiden lassen, muss auch das Bundesversiche-
rungsamt als verantwortliche Instanz verstärkt Wert darauf
legen, neben der finanziellen Redlichkeit auch das Wettbe-
werbsverhalten der Krankenkassen zu kontrollieren und Ver-
stöße gegen die Pflicht zur Aufnahme aller Versicherungswil-
ligen scharf zu ahnden.

(133) Grundgedanke der Einkommenssolidarität innerhalb
der Gesetzlichen Krankenversicherung ist, dass Beitragszahler proportional zu ihren finanziellen Möglichkeiten mit Beitragsverpflichtungen belastet werden. Diese Ausprägung des
Solidarprinzips bedeutet nicht nur, dass Besserverdienende
mit Geringverdienern solidarisch sind. Sie ermöglicht zugleich, dass Phasen eines temporären Ausstiegs aus dem Er-
werbsleben – zum Beispiel zur Erziehung von Kindern oder
zur Pflege von Angehörigen – nicht zum Verlust eines bezahlbaren Krankenversicherungsschutzes führen. Gerecht ist die
Einkommenssolidarität aber nur dann, wenn sie die tatsäch-
liche Leistungsfähigkeit der Beitragszahler abbildet. Diese
ergibt sich jedoch nicht allein aus den Erwerbs- und Transfereinkommen der Versicherten. In zunehmendem Maße be-

streiten Menschen ihren Lebensunterhalt aus Kapitaleinkünften – beispielsweise im Rahmen der privaten Altersvorsorge. Auch die Beitragsbasis der Gesetzlichen Krankenversicherung sollte daher verbreitert werden.

(134) Die gesetzlichen Krankenkassen sollten zudem öffentlich-rechtliche Körperschaften bleiben, die dem Gemeinwohl verpflichtet sind. Ihre innere Selbstverwaltung ist neu zu beleben. Selbstverwaltung sollte als Chance auf Teilhabe der Versicherten an Entscheidungen verstanden werden, die nicht völlig durch staatliche Steuerung oder professionelles Management ersetzt werden kann. Um dies zu erreichen, sind die Arbeitnehmerorganisationen und andere sozialpolitische Organisationen zu stärkerem und öffentlicherem Engagement aufgefordert. Die Sozialversicherungswahlen sollten an Partizipation orientiert weiterentwickelt werden.

(135) Zur Stärkung partizipativer Elemente in der Selbstverwaltung könnte zudem beitragen, beim Gemeinsamen Bundesausschuss eine Art Gesundheitsbeirat einzurichten. Hier könnte über die noch immer offenen Fragen, welche Gesundheitsziele in Deutschland prioritär verfolgt werden sollen, öffentlich diskutiert werden. Der Gemeinsame Bundesausschuss empfiehlt sich als Institution für ein solches, von verschiedenen Seiten (u.a. der Bundesärztekammer) gefordertes Gremium, weil er es ist, der für die Konkretisierung der Leistungen der GKV zuständig ist. Angesichts der Wichtigkeit, über partizipative Elemente in der Gesundheitspolitik nachzudenken, wäre auch zu prüfen, ob im Rahmen der gegebenen demokratischen Möglichkeiten eine Enquête-Kommission des Deutschen Bundestages eingesetzt werden sollte, die neben den formalen Fragen der Beteiligung auch inhaltliche

Gesichtspunkte wie die nach Gesundheitszielen und möglichen Priorisierungen in der Gesundheitsversorgung thematisieren könnte. Selbstverwaltung sollte sich zudem stärker auf die konkrete Ausgestaltung der Gesundheitsleistungen und ihrer Infrastruktur beziehen und hierzu auch einen regionalen Bezug bekommen. Dazu könnten zum Beispiel jene Versicherten stärker beteiligt werden, die besonders auf Leistungen der Krankenkassen angewiesen sind, etwa über einen stärkeren Einbezug von Organisationen der Selbsthilfe chronisch kranker und behinderter Menschen.

(136) Gerade für sozialstaatlich finanzierte Gesundheitsleistungen muss der Primat einer effizienten Erbringung gelten. Aus Pflichtbeiträgen dürfen keine unwirtschaftlichen Leistungen, Strukturen und Prozesse finanziert werden. Es ist immer wieder notwendig, zu hinterfragen, ob bestehende Regelungen zur Inanspruchnahme, Vergütung, Finanzierung, Zulassung oder Steuerung einer effizienten Erbringung förderlich sind und nicht umgekehrt Unwirtschaftlichkeiten fördern. Anreize zur Effizienz, auch über das Instrument des Wettbewerbs, sind daher grundsätzlich sinnvoll, müssen aber in einen adäquaten Regulierungsrahmen eingebettet sein, der sicherstellt, dass Qualität und Wirtschaftlichkeit der Versorgung verbessert werden. Ohne adäquate Regulierung können marktliche und wettbewerbliche Instrumente Ausgrenzungen und Risikoselektionen sozial schwacher, kranker und behinderter Menschen fördern.

(137) Die Ausweitung des Wettbewerbs der gesetzlichen Krankenkassen untereinander in den letzten Jahrzehnten war somit insoweit wichtig und notwendig, wie vorrangig Effizienzreserven erschlossen und Anreize zu einer bedarfsgerech-

ten Ausgestaltung der Leistungen gesetzt werden konnten. Dieser Wettbewerb ist sachgerecht weiterzuentwickeln, ohne schablonenhaft eine Entscheidung für mehr oder weniger Wettbewerb zu treffen – auf die sinnvolle Anwendung von Wettbewerbsprinzipien kommt es an. So wird es wichtig sein, den Wettbewerb so auszugestalten, dass von ihm nicht nur Preisdruck ausgeht, sondern auch Anreize für mehr Qualität und stärkere Bedürfnisorientierung erfolgen. Qualität durch Wettbewerb setzt unter anderem voraus, dass potenzielle Nutzer über Informationen zu den für sie relevanten Qualitätskriterien verfügen und diese auch aktiv nutzen, indem sie unter verschiedenen Wettbewerbern den jeweils für ihre Bedarfe passendsten auswählen. Einer der Hauptgründe für das Marktversagen im Gesundheitswesen besteht darin, dass diese Voraussetzung bisher noch nicht ausreichend erfüllt ist. Stattdessen liegt eine Informationsasymmetrie vor, bei der die Nutzer der Krankenkassen traditionell kaum über geeignete Qualitätsinformationen zum Leistungsangebot verfügen, während die Leistungsanbieter zumindest zum Teil solche Informationen besitzen. Für einen funktionierenden Qualitätswettbewerb bei der Krankenversorgung muss deshalb die bestehende Informationsasymmetrie zwischen Leistungsanbietern und Nachfragern überwunden werden. Entsprechend leisten Qualitätsinformationen bisher nur einen geringen Beitrag zum Wettbewerb in der Gesundheitsversorgung, da die vorliegenden Informationen bisher kaum genutzt werden. Insbesondere die unzureichende Anpassung vorliegender Informationen an den Bedarf der Nutzer werden in der fachlichen Diskussion als Hemmnisse identifiziert. Will der Gesetzgeber den Wettbewerb ausbauen, ist die Schaffung von Voraussetzungen für die Nutzung von Qualitätsinformationen durch die Patienten, Versicherten und Krankenkassen zentral. Besondere Aufmerksamkeit ist außerdem darauf zu legen, dass Patienten auch dann umfassend versichert und versorgt werden, wenn ihre Behandlung besonders aufwendig ist. Ein besonderer Aufwand entsteht z.B. bei der Versorgung chronisch kranker und behinderter Menschen oder der wohnortnahen Versorgung in bevölkerungsarmen Regionen.

(138) Auch die stärkere Bezugnahme auf die Eigenverantwortung der Versicherten hat in den letzten Jahren in die Gesundheitspolitik Einzug gehalten. Sie birgt jedoch das erhebliche Risiko, dass eine falsche Zuweisung gesundheitlich relevanter Aspekte an die Eigenverantwortung zu individuellen Überlastungen führen und dem Zweck einer solidarischen Absicherung entgegenlaufen kann. So kann die Ausgliederung einzelner Gesundheitsleistungen aus dem solidarisch finanzierten Bereich zu einer Verstärkung der Entwicklung zur Zwei-Klassen-Medizin und im Versicherungsbereich über Risikoselektionsprozesse zu einer schrittweisen Entsolidarisierung führen. Eine gerechte Abgrenzung zwischen selbst- und unverschuldeten Krankheitskosten dürfte zudem nicht nur praktisch äußerst schwierig sein, sie würde auch Kontrollkosten und Beschränkungen der individuellen Freiheitsrechte verursachen, die den Nutzen solcher Maßnahmen bei weitem überwiegen. Die Steuerungswirkungen von auf Eigenverantwortung zielenden Maßnahmen der Gesundheitspolitik sollten zudem nicht überschätzt werden. Der größte Teil der Gesundheitsausgaben entfällt auf sogenannte Hochnutzer und darunter vor allem auf schwer kranke Versicherte in ihren letzten Lebensjahren. Eine Verhaltenssteuerung ist hier weitestgehend ausgeschlossen, eine nachträgliche Sanktionierung etwaigen früheren gesundheitsschädlichen Verhaltens widerspricht den grundlegendsten Anforderungen an christliches Handeln.

(139) Diese Problematik entbindet nicht davon, sich mit der Frage des richtigen Maßes an Eigenverantwortung im Gesundheitssystem zu beschäftigen. Auf individueller Ebene sind Umgebungsbedingungen erforderlich, die eigenverantwortliche gesundheitsbewusste Entscheidungen überhaupt erst ermöglichen. Auf der überindividuellen Ebene muss die Trennung zwischen solidarisch abzusichernden Grundleistungen und ergänzenden Zusatzleistungen transparent sein. Gerade das grundsätzliche Bekenntnis zu einer solidarischen Krankenversicherung macht es notwendig, die individuellen Be- und Entlastungen über die verschiedenen Formen von allgemeinen Beitragsverpflichtungen, Zusatzbeiträgen, Zusatzversicherungen, Zuzahlungen für Gesundheitsleistungen und Leistungsbefreiungen übersichtlich auszuweisen und auf die Erreichung gesundheits- und sozialpolitischer Ziele hin zu überprüfen. Zusätzlich dazu ist dafür Sorge zu tragen, dass niemand wegen Armut auf notwendige medizinische Leistungen verzichten muss. In diesem Sinne ist die Wirkung der Zuzahlungen für Grundsicherungsempfänger und Personen mit niedrigem Erwerbseinkommen zu überprüfen. Die Sonderregelungen des Asylbewerberleistungsgesetzes zur Gesundheitsversorgung sind aufzuheben. Unabhängig von allen sonstigen Reformen und Reformvorschlägen muss jeder Versicherte und Leistungserbringer prüfen, ob er sich gegenüber den begrenzten Ressourcen und damit gegenüber anderen verantwortlich verhält. Eine gemeinschaftsdienliche Entscheidung wird ihm dabei allerdings erleichtert, wenn er über die Ausgestaltung des Gesamtsystems den Eindruck gewinnt, dass sein eigenes Handeln nicht durch das Verhalten anderer Akteure im Gesundheitssystem konterkariert wird. Ein behutsames Abwägen und eine sorgfältige Beobachtung der Wirkungen von Veränderungen auf Qualität, Zugänglichkeit

und Wirtschaftlichkeit von Leistungen sind angesichts der Komplexität des Systems unbedingt erforderlich.

(140) Eine darüber hinausgreifende Frage betrifft die Aufteilung des deutschen Kranken- und Pflegeversicherungsmarktes in ein gesetzliches und privates System, die gleichermaßen Vollversicherungsschutz bieten, zu denen aber abhängig vom Einkommen und vom beruflichen Status unterschiedliche Zugangsmöglichkeiten bestehen. Der sogenannte Systemwettbewerb zwischen gesetzlichem und privatem Versicherungssystem gilt als hochgradig ineffizient und ist auch aus Gerechtigkeitserwägungen kritisch zu sehen. Zwar müssen bei zukünftigen Reformmaßnahmen im deutschen Gesundheitssystem die historischen »Pfadabhängigkeiten« von Gesetzlicher und Privater Krankenversicherung ebenso berücksichtigt werden wie das Vertrauen vieler Versicherter auf eine kontinuierliche Fortentwicklung. Maßgeblich für die schrittweise Weiterentwicklung des Kranken- und Pflegeversicherungssystems sollte aber sein, dass es offengelegte Fehlentwicklungen beseitigt, heutigen Anforderungen genügt, allen Menschen gleiche Wahlmöglichkeiten eröffnet und eine Entsolidarisierung gerade der gut Verdienenden verhindert.

(141) In den Niederlanden, dem einzigen europäischen Land, das bis 2006 ein dem deutschen ähnliches duales Krankenversicherungssystem hatte, ist inzwischen ein einheitlicher Ordnungsrahmen entwickelt worden, der für alle Träger des früheren Systems gilt. Nach diesem Vorbild sollte auch in Deutschland über eine weitgehende Konvergenz von GKV und PKV nachgedacht werden. Punktuell ist es in den letzten Jahren bereits zu einer Annäherung der Systeme gekommen. Der Gesetzgeber hat in das Regelwerk der

PKV Regelungen eingeführt, die eher für die GKV typisch sind und umgekehrt. Wenn man den Gedanken der Systemkonvergenz weiterverfolgt, so wird es – in vielen kleinen Reformschritten – zukünftig darum gehen, einen intensiven Wettbewerb der verschiedenen Versicherungsträger in einem gemeinsamen Ordnungsrahmen zu ermöglichen, in dem die Grundprinzipien der Risiko- und Einkommenssolidarität garantiert werden. Bislang private und öffentliche Krankenversicherungsträger würden im Wettbewerb miteinander eine Krankenvollversicherung anbieten, die dem heutigen Leistungsumfang der GKV entspricht.

(142) Hält man stattdessen an der Dualität der Systeme fest, würde dies bedeuten, dass weiterhin nur eine vergleichsweise kleine Gruppe der Bevölkerung, die nicht abhängig beschäftigt ist, über ein hohes Einkommen verfügt oder im Beamtenverhältnis steht, frei darin wäre, die eigene Absicherung des Krankheits- und Pflegebedürftigkeitsrisikos innerhalb des gesetzlichen *oder* des privaten Systems zu gestalten. Sie könnten sich damit, anders als der Großteil der Bevölkerung, aus individuellen Vorteilserwägungen der Einkommens- und Risikosolidarität der GKV entziehen. Bei grundsätzlichem Festhalten an der Dualität des Krankenversicherungssystems könnte aber eine ergänzende Alternative darin bestehen, Privatversicherte in den morbiditätsorientierten Risikostrukturausgleich der GKV einzubeziehen. PKV-Unternehmen müssten dann für ihren im Durchschnitt jüngeren und gesünderen Versichertenbestand Ausgleichszahlungen an die GKV leisten. Damit könnte die GKV finanziell entlastet werden, zugleich würden die Wettbewerbsbedingungen um freiwillig Versicherte zwischen PKV und GKV ein wenig angeglichen.

C.IV. Weiterentwicklung der Pflegeversicherung: Schnittstellenproblematik

(143) Die Probleme der Sozialen Pflegeversicherung sind zum Teil ähnlich wie in der Krankenversicherung gelagert – so z.B. die mit dem demografischen Wandel zusammenhängenden Finanzierungsungleichgewichte und die schwer zu rechtfertigende Aufspaltung des Versicherungsmarktes und die damit einhergehenden Ineffizienzen und Entsolidarisierungstendenzen. Lösungsvorschläge können sich insofern teilweise an die Empfehlungen zur Weiterentwicklung des Krankenversicherungssystems anlehnen. Eine Herausforderung eigener Art ist die Dynamisierung der Leistungen der Pflegeversicherung. Hier ist der Gesetzgeber gefordert, die Beiträge so zu gestalten, dass eine bedarfsgerechte Versorgung für alle realisierbar ist. Zum Abbau von Ineffizienzen sind darüber hinaus Schnittstellen zur Gesetzlichen Krankenversicherung und zur Sozialhilfe in den Blick zu nehmen. Gesetzgebungsschritte sollten hier in Richtung auf ein Gesamtkonzept zur Versorgung pflegebedürftiger, behinderter und alter Menschen erfolgen. Insbesondere die Erbringung von Teilhabeleistungen darf nicht weiterhin davon abhängig sein, zu welchem Sozialsystem ein hilfebedürftiger Mensch zugewiesen wird. Teilhabemöglichkeiten werden aber nicht nur durch die Sozialgesetze, sondern maßgeblich durch die Infrastrukturgestaltung der Kommunen geschaffen oder verhindert. Diese kommunalen Verantwortlichkeiten sind zu stärken, indem die Kommunen die dazu notwendigen finanziellen Gestaltungsspielräume erhalten.

(144) Ansatzpunkt einer schrittweisen Angleichung des Leistungszugangs und der Überwindung von Schnittstellen-

problemen könnte die überfällige Umsetzung eines neuen Pflegebedürftigkeitsbegriffs sein. Der Begriff der Pflegebedürftigkeit ist bislang eng und verrichtungsbezogen ausgelegt. Die in den letzten Jahren erfolgten Leistungsverbesserungen für demenzkranke Menschen haben hier Verbesserungen gebracht, von einem Paradigmenwechsel kann jedoch nicht die Rede sein. Bereits vor zwei Jahren hat ein vom Ministerium beauftragter »*Beirat zur Überprüfung des Pflegebedürftigkeitsbegriffs*« konzeptionelle Überlegungen zur Entwicklung eines neuen und erweiterten Pflegebedürftigkeitsbegriffs und eines neuen bundesweit einheitlichen Begutachtungsinstruments zur Feststellung der Pflegebedürftigkeit vorgelegt. Maßstab zur Einschätzung von Pflegebedürftigkeit soll demnach nicht mehr die erforderliche Pflegezeit, sondern der Grad der Selbstständigkeit bei der Durchführung von Aktivitäten und der Gestaltung von Lebensbereichen sein. Die Regierungskoalition hat den Bericht lediglich zur Kenntnis genommen. Die Umsetzung dieses Konzepts steht nun ausdrücklich unter dem Vorbehalt, dass zunächst eine Finanzierungsreform der Pflegeversicherung erfolgen soll. Zwar sind die Kostenaspekte der Umsetzung des neuen Pflegebedürftigkeitsbegriffs wichtig. Sie rechtfertigen jedoch nicht, weiterhin insbesondere pflegebedürftige alte Menschen von Teilhabeleistungen auszuschließen, die ihnen ein Leben in der Gemeinschaft jenseits von Fremdbestimmung ermöglichen könnten.

(145) Auch die verschiedenen Bereiche der Rehabilitation müssen untereinander gleichgestellt werden. So muss die vorrangige geriatrische Rehabilitation, die aus der Krankenversicherung finanziert wird, tatsächlich ermöglicht werden, wenn damit Pflegebedürftigkeit, die aus der Pflegeversicherung getragen wird, verhindert werden kann. Eine Übertragung der

pflegevermeidenden Rehabilitation an die Pflegekassen könnte das Problem lösen, dass es den Krankenkassen gegenwärtig an Anreizen fehlt, Pflegebedürftigkeit rechtzeitig zu vermeiden, weil sie die Folgekosten unterbliebener Rehabilitation nicht zu tragen haben. Die Sozialleistungsträger müssen ihre im SGB IX vorgesehene Ausrichtung an der Teilhabe und Pflicht zur übergreifenden Zusammenarbeit ernst nehmen, denn sie sind nicht Selbstzweck. Insbesondere gemeindenahe Dienste der Rehabilitation und Assistenz und selbstbestimmte Wohnformen außerhalb von Heimen sind zu stärken und weiterzuentwickeln. Auch pflegebedürftige behinderte Menschen müssen die gleichen Rechte haben wie andere, insbesondere das Recht, zu entscheiden, wo und mit wem sie leben (Art. 19 BRK). Die Einbeziehung der Pflegekassen in den Kreis der Rehabilitationsträger und damit das Verständnis von Pflegeleistungen als Leistungen zur Teilhabe wäre ein Lösungsweg.

(146) Die Kosten für die Pflegeversicherung werden in den kommenden Jahrzehnten steigen. Dieser Anstieg entspricht dem Bedarf einer Bevölkerung des langen Lebens und sollte in der öffentlichen Debatte nicht skandalisiert werden. Bei der Frage der Aufbringung der notwendigen Mittel ist analog zur Gesetzlichen Krankenversicherung an die Einbeziehung anderer Einkommensarten zu denken, die auch über einen Steuerzuschuss des Bundes erfolgen könnte. Daneben ist zu prüfen, ob der Anstieg der Beiträge in den Jahren zwischen 2025 und 2050 durch das vorherige Ansparen eines Kapitalvermögens bei den Pflegekassen oder einen gesonderten Fonds gemildert werden kann. Eine ergänzende individuelle kapitalbildende Pflichtversicherung kann die skizzierten Probleme kaum lösen, benachteiligt aber systematisch Erwerbs-

tätige mit geringem Einkommen und entspricht gerade nicht dem Ziel; den notwendigen Bedarf für alle solidarisch zu decken.

C.V. Vermarktlichung: Markt für Gesundheitsleistungen regulieren und Leistungsangebote optimieren

(147) Eine stärkere sozialstaatliche Rahmung der Vermarktlichung von Gesundheitsleistungen ist dringend geboten:

- Aus theologischer Sicht ist vor einer Überhöhung des Wertes der Gesundheit zu warnen, weil dadurch der notwendige Bezug des Menschen zu einem transzendenten umfassenden Guten in Gemeinschaft (Heil) und die Realität von Krankheit, Schmerzen und anderen Beschwerden verdunkelt wird.

- Im Sinne einer solidarischen Gesellschaft von im Wesentlichen gleichen Bürgerinnen und Bürgern ist darauf zu achten, dass alle die nach medizinischem Wissensstand notwendigen Leistungen verlässlich erhalten: Ein Gesundheitsmarkt, der notwendige Leistungen nach Kaufkraft verteilt, ist also abzulehnen.

- Im Sinne größerer politischer Transparenz erscheint es sinnvoll, in der öffentlichen Debatte deutlich zwischen Leistungen zu unterscheiden, die Not wenden, und solchen, die individuelles Leben angenehmer und leistungsfähiger machen. Zu den notwendigen Leistungen sind jene Leistungen zu zählen, die die Not der Krankheit und des krankheitsbedingten gesellschaftlichen Ausschlusses abwenden oder lindern.

(148) Inhaltlich ist vor dem Hintergrund der in Kap. B skizzierten Befähigung aller Menschen zur Teilhabe in der Gesellschaft die Gesundheitsversorgung in Deutschland stärker auf den Bedarf der chronisch kranken, behinderten und pflegebedürftigen Menschen auszurichten. Rehabilitation, Teilhabe und Zugänglichkeit brauchen einen höheren Stellenwert im Gesamtsystem. Hierfür müssen Ressourcen bereitgestellt, Angebote besser vernetzt und gemeindenah zur Verfügung gestellt werden. Risikoselektion durch Sozialleistungsträger und Leistungserbringer steht dem entgegen. Entsprechende Anreize für eine Risikoselektion als Wettbewerb um gesunde Versicherte und Patienten müssen ein Ende haben.

C.VI. Zur Verantwortung von Gemeinden

(149) Damit medizinische Behandlung, Pflege, Beratung und Begleitung auf Dauer gelingen, ist Achtsamkeit für die Person der Hilfe- und Pflegebedürftigen wie für den Prozess nötig. Eine wesentliche Ressource ist dabei die Spiritualität der behandelnden Personen. In einer Untersuchung des Sozialwissenschaftlichen Instituts der EKD zu der Frage, wie sich innere Kraftquellen in der Pflege manifestieren, wurde deutlich: Spiritualität kann helfen, leichter mit kritischen Situationen beim Leiden und Sterben der Patienten umzugehen. Die Interviewten sprechen davon, dass sie sich getragen und geschätzt fühlen, dass sie Kraft bekommen, durchzuhalten, auch wo Erfolg nicht zu sehen ist. Diese Erfahrungen sind nicht auf die Pflege begrenzt. Gerade der Umgang mit chronischen Krankheiten, mit Verletzlichkeit und Sterblichkeit und schließlich mit dem Tod ist angesichts der hohen professionellen Standards und der insgesamt guten finanziellen

Ausstattung unseres Gesundheitssystems eine der wichtigsten Herausforderungen. Es geht darum, immer neu zu lernen und zu akzeptieren, dass wir uns zwar um ein gesundes Leben bemühen und Kranke behandeln können, dass Gesundheit aber gleichwohl ein Geschenk bleibt. Es geht darum, zu verstehen, dass es vollkommene Gesundheit nicht gibt und dass Gesundheit nicht einfach die Abwesenheit von Krankheit, sondern die Fähigkeit beinhaltet, auch mit Einschränkungen gut zu leben und sorgsam umzugehen. Damit das gelingt, sind nicht nur die professionellen Kompetenzen der Gesundheitsberufe notwendig. Ebenso wichtig sind die Perspektiven von Seelsorgerinnen und Seelsorgern. Aber auch soziale und nachbarschaftliche Netze, Selbsthilfegruppen und Engagierte sind gefragt, damit zum Beispiel chronisch Kranke, demenzkranke Ältere oder behinderte Menschen Gestalter ihres eigenen Lebens und Beteiligte in der Gemeinschaft bleiben können.

(150) Hier liegt eine wichtige Aufgabe von Kirchengemeinden. Nicht nur Kommunen und Betriebe sind gefragt, wenn es darum geht, ein gesundes Umfeld zu schaffen, nicht nur Schulen haben einen Bildungsauftrag, wo es um Ernährung, Sport und Fragen des Lebensstils geht, auch Kirchengemeinden können dazu beitragen, dass Menschen psychische und soziale Kräfte aktivieren, einander stützen und helfen, gemeinsam singen und mit ihrer Sterblichkeit menschlich umzugehen lernen. Dass Gesundheit nicht das höchste Gut ist, dass viel vom Miteinander in einer Gemeinschaft abhängt, das kann gerade in einer Kirchengemeinde erfahren werden. Es ist wieder an der Zeit, dass die haupt- und ehrenamtlichen Mitarbeiter und Mitarbeiterinnen in der Kirche »Gesundheit« nicht den Gesundheitsberufen überlassen. Die Sehnsucht vieler Menschen nach ganzheitlicher Gesundheit und

integralen Heilverfahren äußert sich längst in einer religiösen Suche, oft in der Zuwendung zu fernöstlichen Religionen, aber auch zu esoterischen Praktiken. Kirchengemeinden, in deren Zentrum die Verkündigung vom versöhnenden und heilenden Handeln Jesu, von Kreuzigung, Tod und Auferstehung steht, dürfen sich dieser Sehnsucht nicht verschließen. Salbungs-, Segnungs- und Fürbittengottesdienste sind ein wichtiger Schritt in diese Richtung. Zugleich geht es theologisch darum, die Spaltung zu überwinden, die nach den ganzheitlichen diakonischen Aufbrüchen des 19. Jahrhunderts im Zusammenhang mit der modernen wissenschaftlichen Medizin und Pflege vielfach auch in den kirchlichen Einrichtungen Einzug gehalten hat. Die Frage nach dem Zusammenhang von Heil und Heilung bleibt ein wesentlicher Stachel im Fleisch jedes modernen »Medizinbetriebes« und muss gerade in christlichen Gesundheitseinrichtungen von Seelsorgerinnen und Seelsorgern wie von Besuchsdiensten und der Dienstgemeinschaft der professionellen Mitarbeitenden, aber auch in den Gemeinden vor Ort aufgenommen und reflektiert werden.

Kirchengemeinden sollten sich aber auch an dem Bemühen um eine gesunde Stadt beteiligen und ihre ganz eigene Perspektive einbringen – in Predigt, Seelsorge und Chorarbeit, in Religionsunterricht, Gemeinwesendiakonie und Kommunalpolitik und in der Zusammenarbeit mit Tageseinrichtungen und Diakoniestationen. Die Kirche trägt wesentlich dazu bei, die sozialen Ressourcen unserer Gesellschaft zu stärken. Auf dieser Grundlage kann und muss sie sich auch einmischen in politische Prozesse, wie es mit dieser Schrift geschieht. Darüber hinaus kann sie Mitverantwortung für die diakonischen Träger und Unternehmen in ihrem Bereich übernehmen –

durch Mitarbeit in den Gremien, Zusammenarbeit von Ehrenamtlichen mit ambulanten Diensten, durch gemeinsame Gottesdienste, den regelmäßigen Austausch in Diakonieausschüssen und nicht zuletzt durch ihre Fürbitte. Aber auch diakonische Unternehmen sollten in der Sprache ihrer Geschäftsberichte, im Umgang mit Patienten und Mitarbeitenden deutlich machen, dass die Diakonie der Kirche nicht nur Teil einer Gesundheitsbranche ist, sondern aus der Sorge für den Nächsten heraus arbeitet und lebt. Das erinnert daran, dass wir nur dann wirklich ruhig schlafen können, wenn wir unsere kranken »Nachbarn« nicht vergessen, sondern vor Gott bringen und mit unseren menschlichen Möglichkeiten wachsam für sie sorgen.

(151) Das gilt auch über unsere nationale Gesundheitspolitik hinaus. Das Ziel, die gute Qualität medizinischer Versorgung, die wir genießen, allen Menschen zugutekommen zu lassen, darf nie aus dem Blick geraten oder auch nur zur Nebensache werden. Basisgesundheitsversorgung und Teilhabe behinderter Menschen sollten daher wesentliche Ziele deutscher Entwicklungszusammenarbeit und internationaler diakonischer Dienste bleiben oder werden, sei es auf staatlicher, sei es auf gesellschaftlicher Ebene.

Mitglieder der
Ad-hoc-Kommission zu den aktuellen
Herausforderungen im Gesundheitswesen

Prof. Dr. Peter Dabrock, Erlangen (Vorsitzender)
Prof. Dr. Heinrich Bedford-Strohm, Bamberg
(stellv. Vorsitzender)
Dr. Ernst Kreuzaler, Bonn
Prof. Dr. Sabine Kühnert, Bochum
Prof. Dr. Heiner Raspe, Lübeck
Prof. Dr. Bettina Schmidt, Bochum
Prof. Dr. Jürgen Wasem, Duisburg-Essen
Prof. Dr. Felix Welti, Kassel

sowie beratend:
Dr. Peter Bartmann, Berlin
Dr. Andreas Mayert, Hannover
Karoline Lehmann, Berlin

Geschäftsführung:
OKR Cornelia Coenen-Marx, Hannover